WOCHENENDER

HOFLÄDEN UND MANUFAKTUREN
um Hamburg

EIN KLEINES STÜCK VOM GLÜCK

Wie schmeckt Glück? Nach warmem Brot, frisch aus dem Ofen? Nach einem saftigen Apfel, direkt vom Baum? Nach würzigem Käse von einem Schaf, dem man beim Grasen auf der Weide zusehen kann? In diesem WOCHENENDER zelebrieren wir Genuss. Wir finden ihn auf Bauernhöfen, in Hofläden, Hofcafés und in Gärtnereien, aber auch in Selbsterntegärten, wo wir mit eigenen Händen in feuchter Erde graben dürfen. Überall haben wir Menschen getroffen, denen es ein Herzensanliegen ist, mit Natur und Tieren achtsam umzugehen, und die jeden Tag hart dafür arbeiten, die Welt ein wenig schöner und nachhaltiger zu gestalten.

Doch Glück kann man nicht nur schmecken. So haben wir auf unseren Erkundungs-fahrten auch Menschen kennengelernt, die in ihren Ateliers und Werkstätten Fliesen nach jahrhundertealter Tradition bemalen, an der Töpferscheibe Unikate formen oder Schaffelle herstellen, ohne dass Tiere dafür sterben müssen. Das Schönste dabei: Wer Freude daran hat, Dinge wachsen und entstehen zu sehen, muss gar nicht weit fahren. Das kleine große Glück liegt wirklich nah.

INHALT
⊙ Fortlaufend nummerierte Ziele

HOFLÄDEN UND MANUFAKTUREN

NORDSEE

DITHMARSCHEN

KIEL

NEU-
MÜNSTER

STEINBURG

SEGEBERG

CUXHAVEN

Elbe

PINNEBERG

STO
MA

CUXHAVEN

HAMBURG

BREMERHAVEN

STADE

HARBURG

ROTENBURG
(WÜMME)

Weser

BREMEN

HEIDEKREIS

OSTSEE

OST-
HOLSTEIN

ROSTOCK

LÜBECK

NORDWESTMECKLENBURG

ERZOGTUM
AUENBURG

SCHWERIN

LUDWIGSLUST-
PARCHIM

LÜNEBURG

WITTSTOCK
(DOSSE)

LÜCHOW-
DANNENBERG

ELZEN

0   10   20   30 km

N

Alte Schlossgärtnerei | Norden

Obstgarten Haseldorf | Norden

NORDEN

Stadtmenschen neigen manchmal dazu, das Landleben zu romantisieren. Hier im Norden haben sie jedes Recht dazu. Kaum aus der Stadt hinaus kommt man der Natur schnell näher. Und kann nicht anders, als zu staunen, egal ob man auf wildromantische Gartenkunst, seltene Tomatenarten in ungewöhnlichen Farben oder auf Tiere mit so poetisch klingenden Namen wie Turopolje-Schwein oder Ungarisches Zackelschaf trifft. Freude machen auch die Menschen, die bewusst mit dieser Natur umgehen. Die ein Tier erst dann schlachten, wenn jedes einzelne Stück verkauft ist. Oder Fische nicht nur aus dem Fluss herausangeln, sondern auch fast ausgestorbene Fischarten wieder in ihm ansiedeln.

NORDEN
⊙ Fortlaufend nummerierte Ziele

OSTSEE

NORDSEE

⊙12 HUSUM

⊙14 ⊙13 *Eider*

⊙ ST.PETER-ORDING

⊙15 HEIDE

RENDSBURG

KIEL

⊙9

⊙8

PLÖN
⊙7

*Großer
Plöner See*

⊙11

⊙10 NEUMÜNSTER

ITZEHOE

BAD SEGEBERG

⊙4

LÜBECK ⊙6

CUXHAVEN

Elbe

⊙16

⊙5

ELMSHORN

⊙1 ⊙3

⊙17

⊙2

● AHRENSBURG

STADE

⊙18

⊙19 HAMBURG

GEESTHACHT

0   10   20   30 km

N

ERNTEGARTEN PROJEKT VIELFALT
SELBSTERNTEGARTEN

⊙ 1

Gleich hinter dem Eingang ein kleiner Fuhrpark von Dreirädern zum Ausleihen. Ein bisschen weiter: ein Tor aus Rosen. Im Schatten von Holunderbüschen wartet ein alter Strandkorb auf Besucher:innen. Zu seinen Füßen haben sich Gänseblümchen ausgebreitet. Das ist der *Erntegarten Projekt Vielfalt*, die Herzensangelegenheit eines jungen Paars, das sich beim Studium der ökologischen Landwirtschaft kennengelernt hat. Ein großer, wild duftender Garten voller Liebenswürdigkeiten, Blumen, Beerenobst, Kräutern und Gemüse. Von all dem kann man, wenn es an der Zeit ist, selbst ernten. Damit man sich nicht vertut, stecken in den Beeten mit Hand beschriftete Kärtchen: „Anis-Ysop/Lakritzblume (Agastache anisata), Blüten und Blätter essbar, pur, roh im Salat oder Tee; Blüten auch schön im Blumenstrauß, Blätter gut zum Trocknen für Tee". Oder: „Eberraute (Artemisia abrotanum), für Blumensträuße, als Würzkraut für sehr deftige Speisen". Daneben Rotes Basilikum, etwas weiter die größten Zucchini des Universums, beindick. Jede:r ist eingeladen, zu pflücken, zu probieren – und zu staunen.

Allee 32, 22941 Jersbek
projektvielfalt.de

Mit dem Fahrrad: 20 km ab U-Bahn Ochsenzoll

GUT WULKSFELDE
BIOHOF MIT LADEN UND RESTAURANT

Wulksfelder Damm 15 – 17, 22889 Tangstedt
T 040 6442510
gut-wulksfelde.de

Mit dem Fahrrad: 9 km ab S-Bahn Poppenbüttel

⊙ 2

Auf *Gut Wulksfelde* können Großstädter:innen der Natur wieder näherkommen. Es gibt Wallhecken, Amphibienteiche, Streuobstwiesen und beste Lebensbedingungen für bis zu 7.000 Tierarten, darunter gefährdete wie der Neuntöter oder der Wiesenpieper – zwei Vogelarten, deren Namen die meisten Nicht-Ornitholog:innen wohl nie gehört haben. Tiere streicheln, im ambitionierten Restaurant essen, je nach Saison Früchte ernten und natürlich selbst produzierte Lebensmittel kaufen: Das geht hier alles. Der Hofladen hat die Größe eines Supermarkts und ist bestens organisiert – wie auch der Rest des Biohofs. Das Sortiment ist riesig und umfasst regionale wie vegane Produkte oder biodynamische Weine. Ebenso im Wulksfelder Angebot: Kräuterkurse und thematische Hofführungen, bei denen man alles über Kartoffeln oder Naturschutz lernen kann. Und für Kinder: ein kleiner Tiergarten mit Baumhaus, Kletterparcours und Wasserpumpe.

KLEVERHOF
DEMETER-HOF MIT LADEN

⊙ 3

Der *Kleverhof* schützt ein paar Hundert Tomatensorten zwischen „Abraham Lincoln" und „Zürcher Original" vor dem Aussterben und bietet seltene Saaten (auch online) und frische Tomaten an. Die sehen nicht nur bildschön aus, sondern schmecken tatsächlich wie Tomaten statt wie deren Supermarkt-Imitationen, die viel zu früh geerntet werden, um Aromen entwickeln zu können. Allerdings gibt es auf dem *Kleverhof* auch Sorten, deren Geschmack an Ananas oder ein wenig an Mango erinnert. Im großen Hofladen erhält man außerdem Gemüseraritäten wie die Indische Feldgurke oder die Chinesische Keule, Backwaren, Käse und viele andere Bioprodukte. Wer den blitzsauber aufgeräumten Hof näher kennenlernen möchte, kann an einer Führung teilnehmen und sich im Hof-Museum darüber informieren, mit welchen Arbeitsgeräten die Äcker früher bestellt wurden. Im Sommer wird Kaffee im Café ausgeschenkt. Fairtrade natürlich.

Mönkenbrook 26, 23869 Elmenhorst
T 04532 2679594
kleverhof.de

Mit dem Fahrrad: 10 km ab Bf. Ahrensburg

HOF EHLERS
DEMETER-HOF MIT LADEN

Dorfstraße 28, 24640 Hasenmoor
T 04195 9900918 (Hofladen)
hofehlers.de

⊙ 4

Der *Hof Ehlers*, um 1900 in Hasenmoor errichtet, ist ein weitläufiges, beinahe herrschaftliches Anwesen. Weinranken rahmen die Fenster ein, die Kiesauffahrt wird von alten Bäumen beschattet. Wer sich ein bisschen die Beine vertritt, entdeckt schnell, dass *Ehlers* mehr als nur ein landwirtschaftlicher Betrieb mit Laden und Café ist: Auf dem Hof leben und arbeiten fast 100 Menschen, viele davon mit Hilfebedarf, die hier mit anpacken. Der Hof ist Mitglied im Verband für Anthroposophische Heilpädagogik und lehnt sich auch landwirtschaftlich an die Anthroposophie an und produziert nach Demeter-Standard. Mittlerweile gibt es eine Backstube, eine kleine Obstplantage, Gewächshäuser und Gemüse-beete. Spätestens wenn man eines der selbst gebackenen Franzbrötchen isst, hat man das *Ehlers*-Motto verinnerlicht, dass „alles Tun auf unserem Hof am Ende gut für die Menschen ist, gut für die Tiere, gut für die Pflanzen" – und am Ende auch gut für die Besucher:innen.

FISCHEREI KNEEDEN QUELL/TRAVE
FISCHEREI

⊙ 5

Was Geben und Nehmen bedeutet, lässt sich von der *Fischerei Kneeden Quell* gut lernen – denn mit der Natur kann nur leben, wer akzeptiert, dass sie in Kreisläufe eingebunden ist. Die Jacobsens fangen nicht nur Fische aus der Trave, sie geben ihr auch welche zurück, indem sie sich beispielsweise an der Wiederansiedlung hier fast ausgestorbener Arten wie Meerforelle, Lachs oder Ostseeschnäpel beteiligen. Was die Jacobsens direkt aus dem Fluss oder aus mit Quellwasser gespeisten Becken holen – je nach Saison Forelle, Hecht, Aal oder Zander –, kann man als Frisch- oder als Räucherfisch kaufen, auch lebend, falls man Besatzfische für den eigenen Teich braucht. Selbst wer nichts kauft, kann sich hier bestens sattsehen, während er entlang der Trave Richtung Bad Oldesloe durch eine Hügel- und Schilflandschaft ins Brenner Moor spaziert und dabei den Fischen beim Schwimmen zusieht.

Kneeden 8, 23843 Bad Oldesloe
T 04531 2701
travefischer.de

PARAVICINI

ATELIER FÜR SATTLER-HANDWERK UND MASKENBAU

Große Burgstraße 35, 23552 Lübeck
T 0176 40503024
paravicini-atelier.de

⊙ 6

Sobald man die Tür zum Laden in der Lübecker Altstadt öffnet, hat man den unverkennbaren, markanten Duft in der Nase: Leder! Das Material, mit dem Nicolai Paravicini als Sattler jeden Tag arbeitet. Es macht Freude, ihm dabei zuzusehen, wie er mit wissenden Handgriffen und traditionellen Sattler-Techniken zeitlos schlichte Taschen, Gürtel und Accessoires herstellt und Lederwaren wie Pferdesättel repariert. Er entwirft, stanzt, hämmert, näht und klebt. Und man weiß: Die Produkte, die er fertigt, werden ihre Besitzer:innen lange begleiten und mit den Jahren an Charakter gewinnen. Die Umhängetasche „Carolais" aus massivem Blankleder zum Beispiel. Oder die Aktentasche „Hereford" in Cognac, bei deren Anblick man sofort an London denkt und daran, was für eine treue Begleiterin sie wäre. Etwas ganz Besonderes sind auch die Theatermasken aus Leder und Pappe, die Paravicini nach italienischer Tradition anfertigt und die in Theatern auf der ganzen Welt zum Einsatz kommen.

ALTE SCHLOSSGÄRTNEREI
GÄRTNEREI UND KRÄUTERMANUFAKTUR MIT HOFLADEN

◉ 7

Am Rande des Schlossgebiets versteckt sich dieses Juwel romantisch-wilder Gartenkunst. Auf dem parkgroßen Gelände befindet sich eine Gärtnerei, in der Blumen und Pflanzen, aber vor allem Kräuter und alte Gemüsespezialitäten liebevoll gehegt und gepflegt werden. In der kleinen Markthalle gibt es all die wunderbaren Erzeugnisse zu kaufen. Und nebenan, in den alten Gewächshäusern, werden Ausstellungen gezeigt und Wohnaccessoires verkauft. Und so sucht man sich entweder bei einem Spaziergang durch die verwunschene Pflanzenwelt ein paar Schönheiten für zu Hause aus oder man nimmt an einem der geführten Erkundungsgänge teil, auf denen es kleine kulinarische Kostproben oder ein Menü zum Riechen gibt. Hach!

Schlossgebiet 9 a, 24306 Plön
T 04522 789818
alte-schlossgaertnerei-ploen.de

INGENHOF
WEINGUT MIT VERKAUF UND CAFÉ

⊙ 8

Im malerischen Dorf Malkwitz gelegen, ist der *Ingenhof* eine echte Überraschung. Dort gibt es nämlich nicht nur erstklassige Erd- und Himbeeren, die man zur Saison pflücken kann, sondern auch selbst angebauten Wein. Seit 2009 werden hier in der Holsteinischen Schweiz, nur 25 Autominuten von der Ostsee entfernt, auf knapp acht Hektar tatsächlich Trauben gezogen – Souvignier Gris und Sauvitage für Weißwein und Cabernet Cantor für Rotwein. Das erstaunlich gute Ergebnis (man ist hier in Norddeutschland und nicht in Südfrankreich!) lässt sich vor Ort verkosten. Da der *Ingenhof* nicht nur Erwachsenen, sondern auch Kindern Freude macht (Ponyreiten, Kaninchen, Schäfchen und ein herrlicher Spielplatz namens Natur), könnte man durchaus auf den Gedanken kommen, ein wenig länger zu bleiben. Könnte klappen: Es gibt mehrere Ferienwohnungen und sogar ein ganzes Ferienhaus.

Dorfstraße 19, 23714 Malente-Malkwitz
T 04523 202159
ingenhof.de

40

GUT PANKER

GUTSANLAGE MIT HOTEL, RESTAURANT UND ATELIERS

24321 Panker
T 04381 7071
aufgutpanker.de

◉ 9

Das *Gut Panker* ist ein belebtes Dorf im Dorf. Die über 500 Jahre alte Gutsanlage beherbergt ein imposantes Herrenhaus, ein Hotel, ein Studio-Apartment im alten Torhaus, zwei Restaurants, eine Kapelle, in der man auch heiraten kann, einen Hofsee, historische Wirtschafts- und Wohngebäude, in denen heute kleine Ateliers und Läden mit Handwerkskunst und Design untergebracht sind, und – natürlich – Ställe. 80 Menschen und rund 30 Pferde leben hier. Um das Gut herum kann man durch eine wunderschöne Landschaft mit grünen Weiden, gelb blühenden Rapsfeldern und uralten Bäumen spazieren. Ein etwa einstündiger Spaziergang führt an den Behrensdorfer Naturstrand.

MUSEUM TUCH + TECHNIK
TEXTILMUSEUM UND MUSEUMSLADEN

⊙ 10

Mit seiner großen Glasfront wirkt es fast ein wenig übermodern für ein Museum, das sich mit Textilien befasst. Aber das Museum *Tuch + Technik* hält für Besucher:innen, auch für Textil-Lai:innen, bemerkenswerte Dinge bereit – Kuriositäten, technische Wunderwerke und Schätze einer Industrie, die in Neumünster auf eine über zweitausendjährige Geschichte zurückblicken kann. Hier finden sich zum Beispiel so erstaunliche Dinge wie Zunfthumpen, der Wetterhahn des alten Klosters oder Kleidungsstücke aus der Bronzezeit. Star der Sammlung ist der Dreikrempelsatz 207, Typ: 601, Hersteller: MAK. Er kann aus gewolfter Rohwolle Vorgarn machen. Die Wolle wird dafür über den Grob-, den Mittel- und den Spinnkrempel geführt, bis schließlich ein feines Vlies entsteht, das in lockere Fäden, das Vorgarn, geteilt wird. Wer das verstehen oder zumindest mit eigenen Augen sehen möchte, der sollte es unbedingt begutachten. Manche Maschinen werden immer wieder mal angeworfen, die Produkte dann im Museumsladen verkauft.

Kleinflecken 1, 24534 Neumünster
T 04321 559580
tuchundtechnik.de

ARCHE WARDER

TIERPARK MIT HOFLADEN

Langwedeler Weg 11, 24646 Warder
T 04329 91340
arche-warder.de

⊙ 11

Elefanten, Zebras und Robben kann man in fast jedem Zoo besichtigen. Turopolje-Schweine (ausgezeichnete Schwimmer, die gern nach Muscheln und Wasserpflanzen tauchen), Ungarische Zackelschafe (die letzte erhaltene Schafrasse mit Schraubhörnern) oder Poitou-Esel (bis zu 450 Kilo schwer) eher nicht. Denn auch bei Tieren gibt es – jedenfalls für die Menschen – Greatest Hits, während jene auf den hinteren Rängen der Charts übersehen werden. Die *Arche Warder* will da nicht mitmachen. Auf dem 40 Hektar großen Areal in der Nähe von Kiel werden alte Haus- und Nutztierrassen gehalten, fast alle von ihnen stark gefährdet und vom Aussterben bedroht, weil etwa andere Kuhrassen mehr Milch geben oder an einer Flugente mehr Brustfleisch ist als an der „Deutschen Pekingente", von der man bis zu einem Besuch in der Arche nicht einmal wusste, dass sie existiert. Deshalb werden im Hofladen auch Wurst, Schinken und Wolle von alten Nutztierrassen verkauft. Ihr Leben verbringen sie in artgerechter Haltung auf den Weiden der umgebenden Landschaft. Mehr als 1.200 Tiere lassen sich in der Arche bestaunen, manche von ihnen auch streicheln und füttern. Und falls man sich nicht von den Ponys, Lämmern, Schweinen und Rindern trennen mag, kann man sogar übernachten (es gibt zwei Ferienwohnungen und fünf Holzhütten) – und nachhaltige sowie die Artenvielfalt fördernde Tierpatenschaften übernehmen.

NORDSTRANDER TÖPFEREI

KERAMIK-MANUFAKTUR

Süden 44, 25845 Nordstrand
T 04842 400
nordstrander-toepferei.de

⊙ 12

Bratapfelstövchen, Uhren, Milchzahndöschen, Schwimmkerzenschalen – erstaunlich, was sich aus Ton alles machen lässt. Vor allem gibt es hier aber Teller und Tassen, Teekannen und selbstverständlich Friesenlichter. Der Ton, den die *Nordstrander Töpferei* verknetet, wird nach alten (es heißt sogar: geheimen) Rezepturen gefertigt, alles in geduldiger Handarbeit und mit traditionellen Dekors verziert, die in ihrem Minimalismus durchaus hochmodern wirken. So bezwingend schön und charmant wie die Produkte, die hier entstehen, ist auch der Laden selbst – ein helles Geschäft mit einer kleinen Galerie, deren Name das Motto für den gesamten Nordstrandurlaub liefert: Lat di Tied, also: Lass dir Zeit! Vielleicht nimmt man es sich – neben ein paar neuen Lieblingsstücken – ja sogar wieder mit nach Hause.

FRIESISCHE SCHAFSKÄSEREI
KÄSEREI UND HOFLADEN

☉ 13

Schafskäse hat Tradition im Norden. Die griff das Ehepaar Volquardsen auf und wandelte den elterlichen Rindermastbetrieb in einen ökologischen Milchschafhof mit Hofkäserei um – einen der letzten Höfe seiner Art in Schleswig-Holstein. Inzwischen wird hier die Milch von etwa 120 ostfriesischen Milchschafen zu Käse verarbeitet, der anschließend im 350 Jahre alten Gewölbekeller heranreift. Im Hofladen werden neben Käsespezialitäten auch Lammfleisch sowie Wolle und Felle verkauft. Von Mai bis Oktober finden mehrmals wöchentlich Führungen statt, die Einblicke in den Herstellungsprozess, Ökolandbau und Naturschutz geben – Käse-Häppchen und Schafe streicheln inklusive.

Kirchdeich 8, 25882 Tetenbüll
T 04862 348
friesische-schafskaeserei.de

SPINNWEBKATE

HANDWEBEREI

Nickelswarft 2, 25836 Poppenbüll
T 04865 275
handweberei-spinnwebkate.de

⊙ 14

Man muss ein bisschen fahren, um zur
Nickelswarft zu gelangen. Und dann noch
mal ganz genau hinsehen, um die *Spinn-
WebKate* zu finden – eine Handweberei
in einem alten Wirtschaftsgebäude hinter
hohen Bäumen, Brombeersträuchern
und dichtem Gestrüpp. Wer sie betritt,
bekommt Gelegenheit, sich ausgiebig
darüber zu wundern, wie verwinkelt und
labyrinthisch ein Haus sein kann, das
eigentlich nur zwei Räume hat. Vor über
20 Jahren hat die ehemalige Grundschul-
lehrerin Angelika Rölke sich hier eingerichtet und mittlerweile über ein Dutzend
Webstühle aufgestellt. Einige sind für
Geschirrtücher, Decken und Tischläufer
aus Leinen, andere für Schals aus Merino-
wolle, mit wieder anderen webt sie
Teppiche von bis zu zweieinhalb Meter
Breite. Das Kronjuwel ihrer Sammlung:
ein Hand-Jacquard-Webstuhl, ein kleines
technisches Wunderwerk. Die meisten
noch existierenden Exemplare befinden
sich in Museen – in der *SpinnWebKate*
ist der Jacquard noch regelmäßig im Einsatz, samt Kartenschlagmaschine, auf
der die Lochkarten für die Muster herge-
stellt werden, denn alle Arbeiten sind
Eigenentwürfe und Unikate.

KRAUT UND RÜBEN

LANDLADEN

Dammstraße 19 a, 25764 Wesselburenerkoog
T 04833 42681
landladenkrautundruben.wordpress.com

◉ 15

Kisten voller Obst, Gemüse, Marmeladen und Blumen – auf dem Weg
nach St. Peter-Ording kann man sich im *Kraut und Rüben* mit regionalen Leckereien für ein Strandpicknick oder dem Wochenvorrat an
Vitaminen eindecken. Und darüber staunen, wie viele Farben und
Formen eine Tomate haben kann. Man bekommt hier aber auch richtig
schöne Mitbringsel für die Familie und Freund:innen, wie Geschirr aus
Emaille, Handtücher aus Leinen oder Schneidebretter aus Holz – alles
im zurückhaltenden, norddeutschen Look, der außerordentlich cool
wäre, würde man sich für Kategorien wie Coolness denn interessieren.

HOF DANNWISCH
DEMETER-HOF MIT LADEN

⊙ 16

Die Erde, die Natur und alles, was sie hervorbringt, ist uns nur geliehen: Mit diesem Grund-verständnis arbeitet der *Hof Dannwisch*. Entsprechend umsichtig werden die Böden und Tiere behandelt. Der als gemeinnütziger Verein organisierte Hof fördert aber auch intensiv die Ausbildung von Landwirt:innen und möchte die Bedeutung der Landwirtschaft für Gesellschaft und Umwelt hervorheben. Dazu gehören Hofführungen und Feste, Film- und Theatervorführungen, Bauernhoftage für Schulklassen und ein eigener Hofkindergarten, das *Bienenhäuschen*. Wer auf den Hof und in den Hofladen kommt, kann all das spüren und schmecken. Zu kaufen gibt es Gemüse, Obst, Milchwaren (darunter der mehrfach preisgekrönte Käse aus der Milch der eigenen Kühe), Eier, Fleisch und Wurst, Backwaren, Wein und Kosmetik. Wer am Wochenende nicht ganz so viel Zeit hat, besucht samstags den Stand des Hofs auf dem Wochenmarkt in Hamburg-Eimsbüttel.

Dannwisch 1, 25358 Horst
T 04126 3967632
dannwisch.de

Mit dem Fahrrad: 33 km ab S-Bahn Wedel

FLIESENMANUFAKTUR VAN HEES

FLIESENMANUFAKTUR

⊙ 17

Betritt man die *Fliesenmanufaktur van Hees*, scheint man kurz aus der Zeit zu fallen. Sorgfältig nebeneinander aufgereiht stehen, liegen und hängen unzählige blau-weiße Fliesen mit den unterschiedlichsten Motiven. Jede einzelne könnte man minutenlang studieren. Tatsächlich wird hier eine jahrhundertealte Tradition am Leben erhalten. In der Werkstatt nebenan stellt Claudia van Hees Reproduktionen der berühmten, über 300 Jahre alten holländischen Delfter Fliesen in Fayencetechnik und auf Grundlage historischer Vorlagen her. Jede Fliese ist ein Unikat und wird in Kleinstarbeit von Hand geschnitten, glasiert und bemalt. Gleich nebenan unter dem selben Dach: *Antikbau Stawe*, eine nicht minder interessante Manufaktur für antike und neue Holzdielen.

Am Altenfeldsdeich 6, 25371 Seestermühe
T 04125 958222
fliesenmanufaktur.de

Mit dem Fahrrad: 22 km ab S-Bahn Wedel

OBSTGARTEN HASELDORF
SELBSTPFLÜCKGARTEN

☉ 18

Dieser Garten duftet nach längst vergangenen Sommern, in denen man seine Tage kletternd auf Bäumen verbrachte. 180 Obstbäume stehen im *Obstgarten Haseldorf*, und alle tragen sie eine andere alte und lokale Sorte von Äpfeln, Birnen oder Pflaumen, die es heute nicht mehr im Handel gibt. Der Garten ist jederzeit zugänglich, man kann sich einfach ins Gras legen, Obst von den Bäumen pflücken und eine kleine Tasche voll mit nach Hause nehmen. Zum Garten gelangt man vom Haseldorfer Hafen aus, der direkt am Elberadweg liegt, aber auch mit dem Auto erreichbar ist. Zu Fuß überquert man den Deich und folgt einem kleinen Hinweisschild. Vorbei an den Schafen bleibt man auf dem Weg linksseitig des Randgrabens. Nach etwa 700 Metern erreicht man das Zauntor. Da im Obstgarten Schafe leben, sind Hunde nicht erlaubt, sie dürfen aber vor dem Tor warten.

Hafenstraße, 25489 Haseldorf
T 04129 955490
gartenrouten-sh.de

Mit dem Fahrrad: 15 km ab S-Bahn Wedel

HYGGE — THE FARM
GEMÜSE- UND KRÄUTERFARM, BISTRO UND HOFLADEN

⊙ 19

HYGGE – das ist erst mal ein Gewächshaus, bei dem man sich wie im Paradies vorkommt. Die Düfte, die Farben. Gemüse und Kräuter, wenn sie keine Massenware sind, sondern so liebevoll gezogen werden wie hier bei *HYGGE - the farm*, sind eine wunderbare Bereicherung unseres Lebens. Wenn wir sie mal bewusst wahrnehmen. Und genau das lernen wir hier: Geschmäcker wahrnehmen, ihre Spuren verfolgen, Appetit bekommen – aufs Leben! Im *HYGGE*-Hofladen, der inmitten der Gewächshäuser liegt, finden wir die Sorten wieder,

Cordsstraße 5 – 9
22609 Hamburg-Nienstedten
hygge-thefarm.com

die jetzt darauf warten, von uns gekostet und mit nach Hause genommen zu werden, nebst vielen anderen hochwertigen Hofladenprodukten. Einiges aus dem Anbau landet aber auch in der Küche des Hofladencafés, das tagsüber Farmfood aus Farm-„Zutaten" anbietet – die an einfachen Gerichten wie „Grilled Kimchi Cheese Sandwiches" ihre unverkennbaren Aromaspuren hinterlassen. „Unsere Vision ist ein Ort", erklärt *HYGGE*-Gründer Nils Jacobsen, „an dem Menschen zusammenkommen, die zusehen, wie das Essen wächst, und die es direkt nach der Ernte frisch zubereitet genießen." Wer sich überzeugen will, wie weit diese Vision trägt, kann unabhängig vom Farmbesuch die *HYGGE Brasserie & Bar* im nahe gelegenen *Hotel Landhaus Flottbek* besuchen, wo Küchenchef Thomas Nerlich aus den Lebensmitteln der Farm großartige Gerichte zaubert.

OSTEN

Im Norden die Ostsee, im Süden die Elbe: Fährt man von Hamburg aus gen Osten, begleitet einen Wasser. Zwischen der Stadt und dem Biosphärenreservat Schaalsee haben sich zahlreiche Höfe angesiedelt, nicht nur weil das Wasser den Boden hier außerordentlich fruchtbar macht, sondern auch weil die Gegend einen besonderen Reiz für besondere Menschen hat. Viele der Betriebe sind entstanden, weil sich Menschen zu einem Lebens- und Herzensprojekt zusammengetan haben, weil sie nicht mehr nur von der Natur nehmen, sondern ihr auch etwas zurückgeben wollen, oder weil sie es sich zum Ziel gemacht haben, alte und in Vergessenheit geratene Gemüse- oder Obstsorten zu erhalten.

OSTEN
⊙ *Fortlaufend nummerierte Ziele*

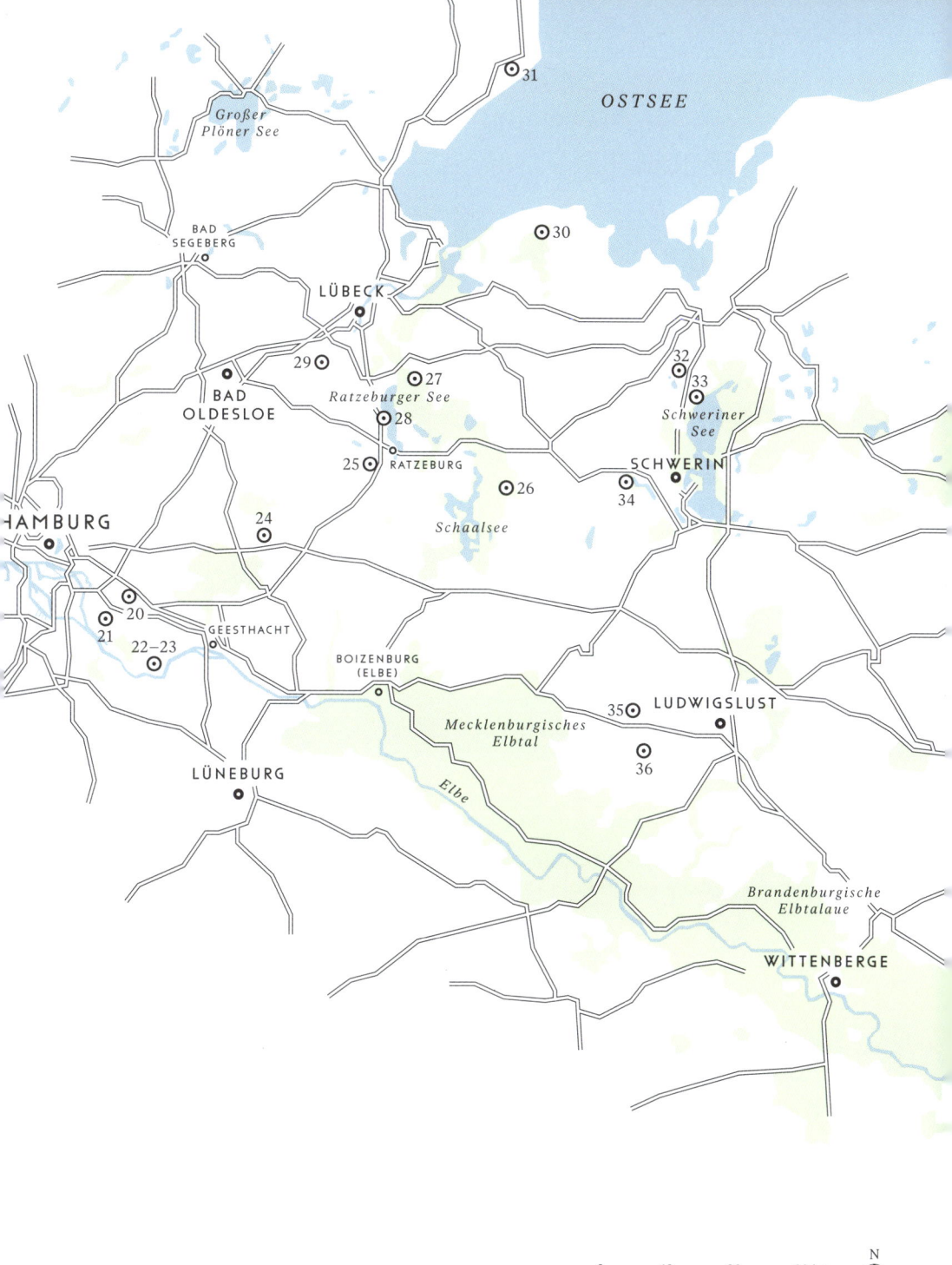

OSTSEE

⊙ 31

*Großer
Plöner See*

⊙ 30

BAD
SEGEBERG

LÜBECK
⊙

29 ⊙

⊙ 27
Ratzeburger See

BAD
OLDESLOE

⊙ 28

32
⊙
33
⊙

*Schweriner
See*

25 ⊙ RATZEBURG

⊙ 26

SCHWERIN
⊙

34
⊙

⊙ 24

Schaalsee

HAMBURG
⊙

⊙
20

21 ⊙

22-23 ⊙

GEESTHACHT

BOIZENBURG
(ELBE)
⊙

*Mecklenburgisches
Elbtal*

35 ⊙ LUDWIGSLUST
⊙

36 ⊙

LÜNEBURG
⊙

Elbe

*Brandenburgische
Elbtalaue*

WITTENBERGE
⊙

0   10   20   30 km

N
↑

HOF NEUN LINDEN
HOFLADEN UND CAFÉ

⊙ 20

Vor 300 Jahren war der Billwerder Billdeich die
erste Adresse für Sommerfrischler:innen aus
Hamburg, die sich während der heißen Monate
aus der Stadt in prächtige Landhäuser zurück-
zogen – viele von ihnen sind noch erhalten, und
gleich 25 Gebäude auf der acht Kilometer langen
Straße stehen auf der Denkmalliste der Stadt.
Auch Rainer Stubbe agiert auf historischem
Terrain: Seine Familie ist hier seit 1700 verwur-
zelt. Das erfreut die Gegenwartsmenschen. Im
Winter knistert in seinem kleinen romantischen
Laden ein Ofenfeuer neben einem antiken
Sessel, während man Gemüse, Milchprodukte,
Seifen oder Brote kauft. Im Sommer kann man
sich ein Frühstück mit frischem Käse, Schinken,
Salami und leckeren Marmeladen zusammen-
stellen und auf der blühenden Bauernwiese des
Cafégartens servieren lassen. Sonntags öffnet
die Diele ihre Türen, es gibt leckere Torten, und
irgendjemand spielt immer auf dem großen
Klavier in der Ecke. Und weil der *Hof Neun
Linden* ein Familienbetrieb mit Herzblut ist,
werden hier auch Patenschaften für die 39 wild
gelockten Galloway-Rinder vergeben, damit die
Tiere ein langes Leben in Freiheit führen können. „Sein" Rind kann man jederzeit besuchen,
Heuraufen stopfen, Futter vorbereiten helfen und
eindrucksvolle Selfies mit nach Hause nehmen.

Billwerder Billdeich 480, 21033 Hamburg
T 040 73928199
hof-neun-linden.de

Mit dem Fahrrad: 15 km ab Hamburg Hbf.

TOMATENRETTER E. V.

TOMATENHOF UND LERNORT

⊙ 21

Amethyst Jewel, Evil Olive, Hippie Zebra: Die Namen im Saatgutarchiv der Tomatenretter würden auch einem exzentrischen Pferderennstall alle Ehre machen. Mehr als 300 Sorten samenfester Tomaten findet man hier – mit schwacher und starker Rippung, tiefschwarz, leuchtend gelb oder mit lila Streifen. Der Verein hat es sich zum Ziel gesetzt, die Vielfalt an Tomaten zu erhalten und unter die Menschen zu bringen – nicht durch klassischen Verkauf, sondern durch den Handel mit Saatgut. Damit will er sich ausdrücklich von der Produktionslogik kommerzieller Landwirtschaft abheben und nicht nur Artenvielfalt, sondern auch mehr Geschmack zurück in unsere Salatschüsseln bringen. Ein Besuch in den Gewächshäusern des Vereins vorm Reitbrooker Hinterdeich ist eine kleine Entdeckungsreise in die große, duftende Welt der Tomate: zur Gelben von der Krim, zum Blondköpfchen, zur Schlesischen Himbeere (die natürlich keine Himbeere ist) und zur Königin der Nacht, einer feurig roten Diva mit gelb-violetten Streifen. Er lässt sich auch gut mit einem ausgedehnten Spaziergang durch die Reit verbinden, das ausgedehnte Naturschutzgebiet im Winkel zwischen Dove- und Gose-Elbe.

Reitbrooker Hinterdeich 291, 21037 Hamburg
tomatenretter.de

Mit dem Fahrrad: 15 km ab Hamburg Hbf.

HOF EGGERS
BAUERNHOF MIT CAFÉ, FERIENWOHNUNGEN UND FLEISCHVERKAUF

⊙ 22

Umgeben von Wiesen und alten Bäumen wirkt der Bauernhof, als sei er schon immer da gewesen. Hier scheint er einfach hinzugehören, und tatsächlich liegt der Bauernfamilie sehr viel daran, den Hof im respektvollen Einklang mit der Natur zu betreiben. Die Tiere – Kühe, Schweine, Ponys, Hühner, Hasen, Gänse, Schafe, Hund und Katzen – werden mit selbst angebautem Futter gefüttert und die Felder ökologisch-nachhaltig bewirtschaftet. Mehr über all das erfahren kann man auf dem Rundwanderweg – einem etwa 30-minütigen Spaziergang rund um den Hof – oder im Gespräch mit den Hofmitarbeiter:innen. Natürlich kann man sich auch einfach mit einem Stück Kuchen ins Hofcafé setzen und die Landschaft genießen. Kinder können sich hier tagelang beschäftigen. Und wer länger bleiben möchte, mietet sich eine der vier gemütlichen Ferienwohnungen mit Namen wie „Storchennest" oder „Fuchsbau".

Kirchwerder Mühlendamm 5
21037 Hamburg-Kirchwerder
T 040 72377385
hof-eggers.de

Mit dem Fahrrad: 25 km ab Hamburg Hbf.

ERLEBNISGARTEN HAMBURG
MIETGARTEN

⊙ 23

Wer die Hände gern in feuchte Erde gräbt oder einfach Freude daran hat, Dinge wachsen zu sehen, muss von Hamburg aus nicht weit fahren, um kleines, großes Gemüseglück zu finden: Nahe dem *Zollenspieker Fährhaus* an der Elbe liegt der *Erlebnisgarten Hamburg*. Zwischen Mai und Oktober werden hier jedes Jahr 21, 43 oder 85 Quadratmeter große Parzellen mit fertig gepflanztem Gemüse, Kräutern und Blumen, nötigem Gerät und auch allen nötigen Tipps vermietet. Erfahrung braucht man also nicht, nur Lust am Gärtnern. Wer nicht gleich einen eigenen Garten möchte, kann auch warten, bis die Natur in die Stadt kommt: Auf den Wochenmärkten in Ottensen, Blankenese und Winterhude baut der Erlebnisgarten regelmäßig seinen Stand auf.

Kirchwerder Marschbahndamm 289,
21037 Hamburg-Kirchwerder
T 040 22624404
erlebnisgarten-hamburg.de

Mit dem Fahrrad: 29 km ab Hamburg Hbf.

GUT BASTHORST

EVENTS, GASTRONOMIE UND KUNSTHANDWERK

Auf dem Gut 3, 21493 Basthorst
T 04159 82520
gut-basthorst.de

⊙ 24

800 Jahre alt ist das 600 Hektar große *Gut Basthorst*, bekannt vor allem als ein Ort für Events, Konzerte und die traditionellen Märkte. Verantwortlich für die Öffnung des landwirtschaftlichen Ensembles mit über 30 Backsteingebäuden für Besucher:innen ist Gutsherr Enno Freiherr von Ruffin, der vor 20 Jahren beschloss, auch traditionelles Handwerk in seinen Räumen zu beherbergen. Neben einem Antiquitätenladen, einer Brennerei, einem schwedischen Whiskey-Hersteller und einem Büchsenmacher führt auch die Vergolderin Heike Dienemann ihre Künste vor. Gutsbesucher:innen können ihr beim Vergolden, Patinieren und Restaurieren von alten Spiegeln, Gemäl-den und Schränken zusehen – oder sich in einem mehrtägigen Fassmalerei- oder Vergolderkurs selbst als Restaurator:innen ausprobieren. Mit viel Liebe zum Detail und noch mehr Geduld widmet sie sich diesem faszinierenden Kunsthandwerk, das als das älteste der Welt gilt. Übernachten kann man gleich nebenan im Hotel oder den Ferienwohnungen des Guts, ein vorzügli-ches Frühstück mit hofeigenen Produkten wird im Restaurant in ehemaligen Pferde-boxen serviert.

DOMÄNE FREDEBURG
DEMETER-HOF MIT HOFLADEN UND CAFÉ

Am Wildgehege 5, 23909 Fredeburg
T 04541 862134 (Hofladen)
domaene-fredeburg.de

⊙ 25

1991 taten sich vier Paare zusammen, um einen Hof zu pachten und konsequent biodynamische Landwirtschaft zu betreiben. Mittlerweile besteht die Hofgemeinschaft aus über 50 Menschen, die auf 160 Hektar Gemüse, Getreide und Kartoffeln anbauen, sich um eine 35-köpfige Milchviehherde, 50 Schweine, Hühner, Wachteln und Gänse kümmern, eine eigene Käserei und einen großen Hofladen mit Küche und Café betreiben. Mit Blick auf Wiesen und Felder lässt sich entspannt verkosten, was der Hof hergibt (die Salate und Quiches sind sensationell), Getreide kann man vor Ort selbst mahlen oder flocken, zu den Schlachttagen gibt es hofeigenes Fleisch vom Schwein und Rind. Wer noch tiefer in dieses Lebens-, Arbeits- und Herzensprojekt einsteigen möchte, kann sich bei Führungen über Bodengesundheit kundig machen, bei der Kartoffelernte mithelfen oder in einem der Vier-Elemente-Zimmer übernachten. Sogar Sing-Workshops gibt es auf der *Domäne Fredeburg*.

SCHAALSEE MOSTEREI
MOSTEREI UND HOFLADEN

⊙ 26

Falls man einmal in die Verlegenheit kommt, mehr Äpfel übrig zu haben, als man aufessen kann: In der *Schaalsee-Mosterei* kann man sie zum Pressen vorbeibringen, um sie als Saft wieder mitzunehmen. Oder man kauft einen der 50 sortenreinen Apfelsäfte von so unbekannten Arten wie Wintergoldparmäne oder Dutzower Streifling. Hier, an einer verwunschenen Straße inmitten von Feldern nahe dem Schaalsee, hat sich ein Hamburger Ehepaar nämlich sein ganz eigenes Apfelparadies geschaffen. Im Hofladen gibt es auch Gelees, Wildkräutersaucen, Wildfleischsalami, Dörrobstchips – und Informationen über den Apfel. Wer einfach mal beim Pressen zuschauen will, kann es sich auf dem Hof an einem der alten Holztische gemütlich machen und auf Anfrage einen Brunch, eine moderierte Apfelverkostung oder eine regionale Brotmahlzeit genießen.

Kneeser Straße 2, 19205 Schönwolde
T 038876 31355
schaalsee-mosterei.de/infos

MILCHSCHÄFEREI AMALIA
MILCHSCHÄFEREI MIT VERKAUF

◉ 27

Aromen von Mandel und Vanille: Schafsmilch schmeckt ganz und gar
nicht „schafig", versichern Sandra und Tillmann, die die *Milchschäferei
Amalia* betreiben. Ganz im Gegenteil, sie ist zart und cremig, süßer
als Kuhmilch, und sie hat ein eigenes „Terroir" – genau wie Wein.
Ihre zwei Dutzend Krainer Steinschafe, eine Rasse aus den Julischen
Alpen im Dreiländereck zwischen Kärnten, Slowenien und Friaul,
machen das ganze Jahr über nichts anderes, als auf der offenen Weide
Gräser und Kräuter zu knabbern, die Neulebener Luft, das spezielle
Klima und die Mikroorganismen des Bodens aufzusaugen – und ihrer
Milch dadurch ihren unverwechselbaren Geschmack zu geben. Die
wird übrigens erst gemolken, sobald die Lämmer sie nicht mehr selbst
brauchen, sondern schon auf Gräser umgestiegen sind. Was für eine
Delikatesse die hier produzierte Vollmilch ist, demonstrieren Sandra
und Tillmann auch mit Joghurt und Schafmilcheis. Und bei Tastings
kann man lernen, welches Bier und welcher Wein am besten mit dem
entsprechenden Käse zusammengehen. Wer auf einer Radtour einen
Abstecher in Groß Neuleben macht, kann freitags und samstags Wolle,
Felle, Fleisch und Honig direkt vom Hof kaufen.

Dorfstraße 3, 23923 Groß Neuleben
T 0151 40730506
schaeferei-amalia.de

LÖDINGS BAUERNHOF AM SEE
KAFFEEGARTEN, GASTRONOMIE UND HOFLADEN

◉ 28

Glückliche Schweine, glückliche Menschen:
Das ist die ganz einfache Gleichung, die
Bauer Andreas Löding aufgestellt hat. Seine
„Seeluft-Schweine" leben bis zu ihrer
Verarbeitung zu Hofladen-Bestsellern wie
Holsteiner Mettwurst, Salami oder Sauer-
fleisch in einem Naturklima-Strohstall, in
dem ihnen die Besucher:innen jederzeit
beim Spielen und Wühlen zuschauen können,
bevor sie Himbeeren pflücken gehen oder
ein Stück der mehrstöckigen Blaubeer-Bai-
sertorte im Kaffeegarten essen. Im Frühjahr
wird zweimal am Tag Spargel aus eigenem
Anbau serviert, später im Jahr Spanferkel.
Satt und sehr glücklich lässt man den Blick
über den Ratzeburger See schweifen, wo
Kinder an der nahegelegenen Badestelle
auch planschen können. Auch das perfekte
Sonnenuntergangsgetränk bekommt man
hier: hauseigenen Himbeerwodka und sehr
interessant schmeckenden Spargel-Korn.

Auf dem Ortskampe 1, 23911 Buchholz am See
T 04541 801713
spargelbuffet.de

HOFGEMEINSCHAFT GUT ROTHENHAUSEN
BIOHOF MIT HOFLADEN UND CAFÉ

⊙ 29

Auf dem romantischen Gelände des *Guts Rothenhausen* produziert eine Hofgemeinschaft aus 40 gut gelaunten Menschen in drei Generationen nach den Prinzipien biodynamischer Landwirtschaft Käse, Brot, Getreide, Obst und Gemüse. All das wird im Hofladen nebst Rindfleisch und Eiern von glücklichen Hühnern verkauft. Die Bullerbü-Atmosphäre lässt sich im Hofcafé am besten genießen. Vielleicht kommt gerade eine Kuhherde auf ihrem Weg von einer Weide zur nächsten vorbei. Hin und wieder finden Flohmärkte oder Konzerte statt und man kann noch ein bisschen länger bleiben. Auch über Nacht – zum Gut gehört das „Lindenhaus", ein Selbstversorgerhaus für Gruppen, die sich für die Arbeit auf dem Hof mit Mensch, Tier und Natur interessieren.

Gut Rothenhausen 4, 23860 Groß Schenkenberg
T 04508 824
gutrothenhausen.de

HOF HOHER SCHÖNBERG

BIOHOF MIT HOFLADEN

⊙ 30

Stadtmenschen neigen ja manchmal dazu, das Landleben zu romantisieren. Auf dem *Hof Hoher Schönberg* haben sie jedes Recht dazu. Bei der Ankunft wird man vom Kuschellamm begrüßt, wie der Bauer es nennt, überall tollen Hundewelpen und gackern glückliche Hühner, die Kühe und Ziegen werden noch von Hand gemolken, statt an eine Maschine gestöpselt. Im Hofladen gibt es dann alles, was auf dem Hof produziert wird, und das ist sensationell viel und sensationell gut, unter anderem Marmeladen, Honig von den Hof-Bienen, biozertifizierte Rosen und kalt gepresste Öle in Rohkostqualität, etwa Wildaprikosenkernöl oder Haselnussöl. Im Sommer sollte man unbedingt durch die Pfirsichplantage streichen und frisch vom Baum probieren.

Kalkhorster Straße 37, 23948 Hohen Schönberg
T 038827 888234
hofhoherschoenberg.de

HOF KLOSTERSEE
DEMETER-HOF MIT LADEN

Klostersee 1, 23743 Grömitz
T 04366 884061
klostersee.org

⊙ 31

Wer Bio möchte, ist hier richtig. Seit
über 30 Jahren wird der *Hof Klostersee*
biologisch-dynamisch betrieben – und
im Hofladen werden all die gesunden
Leckereien frisch verkauft. Unbedingt zu
empfehlen sind Joghurt, Quark und die
pikanten Käsesorten, die aus der Milch der
Kuhherde in der eigenen Käserei herge-
stellt werden, aber auch die Vollkornbrote,
die vor Ort aus dem eigenen Getreide
gebacken werden. Darüber hinaus gibt
es Obst und Gemüse aus eigenem Anbau
sowie Wurst und Fleisch von eigenen
Rindern und Schweinen. Und wenn man
den Einkauf ins Auto gepackt hat, kann
man von hier aus noch einen Abstecher in
den Kellenhusener Forst mit seinen uralten
Eichen machen oder zum etwa drei Kilometer entfernten Naturstrand spazieren.

CAFÉ SONNTAGSGRÜN
GARTEN MIT CAFÉ

⊙ 32

Grüner kann man kaum sitzen als in diesem 5.000 Quadratmeter großen Garten unter Obstbäumen, umgeben von Beeten voller Margeriten, Mohn und Wiesen-Pippau. Das Paradies wird vom Ehepaar Schöttke-Penke gehegt. Er ist Ingenieur und baut in seiner Freizeit Möbel und Hochbeete, sie ist übers Tun zum Gärtnern gekommen, mit unendlicher Liebe für die Pflanzen, denen sie am liebsten gar nicht in den Wuchs fällt, denn auch vermeintliches Unkraut hat seine Aufgabe im Plan der Natur. Was bei den Schöttke-Penkes gedeiht – der Kandelaber-Ehrenpreis und die Madonnenlilien, der Wald-Storchschnabel und die Kletterhortensien –, kann man zwischen Mai und Oktober jeden Sonntagnachmittag bewundern. Und sich dabei an hausgemachten Köstlichkeiten nach Rezepten der Dorfbewohner:innen laben, an Beas Schoko-Kirsch-Torte, Mariannes Beerengartenkuchen oder Elkes Mohntorte zum Beispiel.

Alte Dorfstraße 5, 19069 Drispeth
T 03867 6508
sonntagsgruen.de/gartencafe

SCHLOSSGÄRTNEREI WILIGRAD
SCHLOSS MIT GARTENCAFÉ

⊙ 33

Schloss Wiligrad hat eine verschlungene Geschichte hinter sich. 1898 für den Herzog
Johann Albrecht zu Mecklenburg und seine Frau Elisabeth auf einer rund 30 Meter
hohen Steilküste über dem Westufer des Schweriner Außensees errichtet, war es
unter anderem Bauernschule, Museum, Typhuslazarett, Flüchtlingsunterkunft, SED-
Parteischule und Ausbildungsstätte für die Volkspolizei. Seit der Wiedervereinigung
veranstaltet der Kunstverein Wiligrad hier zeitgenössische Kunstausstellungen.
Viele Besucher:innen kommen aber auch, um im weitläufigen Schlosspark mit seinen
blühenden Rhododendren zu flanieren. Kaffee bekommt man im hübschen Café in
der Schlossgärtnerei, wo bei schönem Wetter draußen im Garten Kuchen oder Stein-
ofenbrot serviert wird, die Vögel zwitschern und Bäume Schatten spenden. Bei
schlechtem Wetter sitzt man unter den weiß gestrichenen Balken des Fachwerkhäus-
chens oder gleich nebenan im ehemaligen Gewächshaus.

Schloss Wiligrad:
Wiligrader Straße 17, 19069 Lübstorf
mv-schloesser.de/de/location/
schloss-wiligrad

Schlossgärtnerei:
Wiligrader Straße 6, 19069 Lübstorf-Wiligrad
T 03867 612703
schlossgaertnerei-wiligrad.de

HOF MEDEWEGE
DEMETER-HOF MIT LADEN, CAFÉ UND ATELIERS

⊙ 34

Vor allem Familien besuchen den Biohof am
nördlichen Stadtrand Schwerins. Schließlich
kommen hier alle Generationen auf ihre Kos-
ten. Kinder nehmen Reitstunden, streicheln
Kaninchen im Kinderbauernhof oder toben auf
dem Spielplatz, während die Erwachsenen im
Hofcafé Kuchen und Biogerichte genießen oder
im großen Bioladen Einkäufe erledigen. Der
Hof selbst versteht sich als kleines Dorf, in dem
70 Menschen leben und rund 200 arbeiten: im
Waldorfkindergarten und in der Kunstscheune,
in Landwirtschaft, Imkerei, Gemüse- und Obst-
bau, in Bäckerei, Molkerei und Hofküche. Eben
das, was Familien schätzen: ein Stück heile Welt.

Hauptstraße 11 – 15, 19055 Schwerin
T 0385 5923993 (Hofcafé)
hof-medewege.de

HOF BIRKENKAMP
ALPAKA-HOF MIT WANDERUNGEN, LADEN UND CAFÉ

⊙ 35

Mitten im Grünen liegt der Lebenstraum
von Jenny und André Dietel: Auf ihrem Hof
geben sie Tieren ein neues Zuhause. Der
Hof beherbergt unter anderem eine Alpaka-
Herde mit Tieren, die zuvor im Zirkus lebten
oder aus der Zucht ausgeschlossen wurden,
Kühe aus einem Tierversuchslabor, geret-
tete Hühner aus Großbetrieben und versto-
ßene Katzen. Jedes Tier hat seine eigene
Geschichte, und Jenny Dietel spricht über
sie wie über gute Freunde: Ani kuschelt gern
mit Menschen, Burni ist überaus verfressen,
Fiona wälzt sich gern bei Regen im Matsch
und Herden-Chefin Cassandra regiert über
alle – egal ob Alpaka, Mensch, Katze oder
Huhn. Im Mittelpunkt steht die respektvolle
Begegnung zwischen Mensch und Tier.
Deshalb suchen sich auch die Alpakas ihre:n
menschliche:n Wanderpartner:in aus und
nicht umgekehrt. An den Wochenenden
kann man außerdem im Hofladen Alpakawolle und regionale Produkte kaufen oder
im Hofcafé unter freiem Himmel hausgemachte vegane Kuchen und Torten genießen.
Und abends, wenn alle weg sind, bringt
Pfau Theo seine Hühner in den Stall, fliegt
zum Schlafen auf den Walnussbaum – und
träumt vom nächsten Tag.

Plüter 1, 19230 Bresegard bei Picher
T 038751 338845
hof-birkenkamp.de

DIE KRAMSEREI
CAFÉ, HOFLADEN & TRÖDELTENNE

Platz der Jugend 8, 19288 Klein Krams
T 038754 229860
diekramserei.de

⊙ 36

Anfang der Neunziger suchten Susanne Kramer und ihr Mann ein kleines Wochenendhäus-
chen, fanden ein 178 Jahre altes Hallenbauernhaus mit Saal und Bühne, Stall und Remise
und bauten es zu Mecklenburgs kleinstem Kulturzentrum aus. Es gibt Comedy und Theater
hier, einen Filmclub, Keramik-Workshops und seit 2017 auch ein Gartencafé samt Hofladen.
Dort bekommt man sonntags hausgemachten Süßkram wie Stachelbeerbaisers oder
Himbeertörtchen. Bei Sonnenschein finden die Gäste unter den großen Bäumen oder neben
den prächtig blühenden Rhododendren ein hübsches Plätzchen; bei schlechterem Wetter
steht der liebevoll renovierte Schweinestall offen, wo die ehemaligen Schweinekoben als
Sitzecken dienen. Und jeden Samstag lädt Kramer zur Trödeltenne mit originellem Krims-
krams in die Klein Kramser *Kramserei*.

SÜDEN

Eine der wichtigsten Zutaten für kulinarischen Genuss ist die
Umgebung. Besser kann es nicht schmecken als direkt auf
dem Hof, unter freiem Himmel, die Beine ausgestreckt, der
Blick über blühende Felder schweifend. Das geht im Süden
von Hamburg besonders gut. Viele Höfe laden nicht nur zum
Einkauf ein, sondern auch zum Verweilen, zum Erleben
und Übernachten. Oft liegen sie inmitten schönster Natur, die
man wunderbar auf einem Spaziergang oder einer Radtour
erkunden kann. Wie es so schön heißt: Der Weg ist das Ziel.
Sonst kann es passieren, dass man am Genuss vorbeiläuft.

SÜDEN

⊙ Fortlaufend nummerierte Ziele

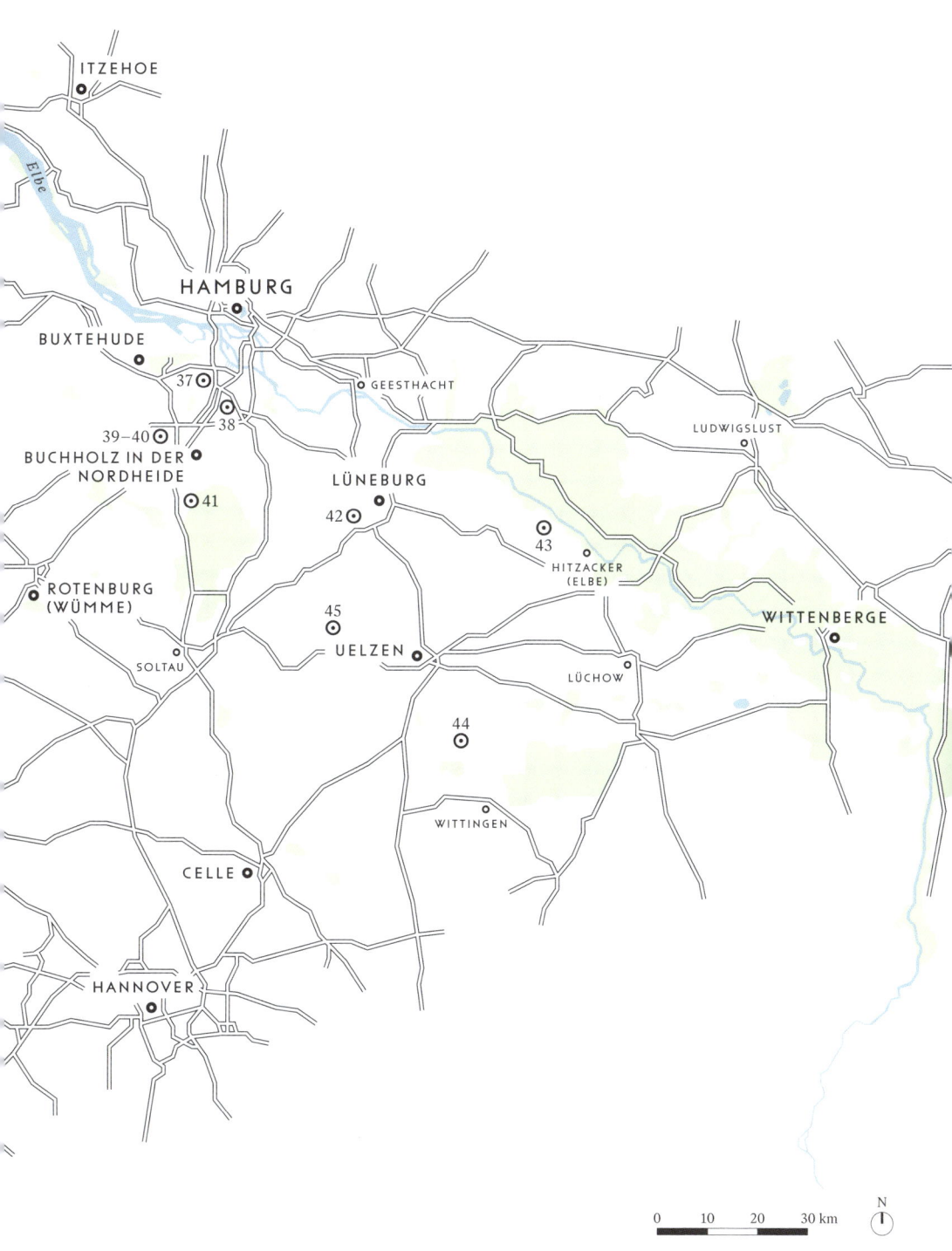

ITZEHOE

Elbe

HAMBURG

BUXTEHUDE

37

39–40   38

BUCHHOLZ IN DER
NORDHEIDE

41

GEESTHACHT

LÜNEBURG

42   43

HITZACKER
(ELBE)

LUDWIGSLUST

WITTENBERGE

ROTENBURG
(WÜMME)

45

SOLTAU   UELZEN

LÜCHOW

44

WITTINGEN

CELLE

HANNOVER

0   10   20   30 km

N

FREILICHTMUSEUM AM KIEKEBERG
MUSEUM MIT MUSEUMSLADEN UND MÄRKTEN

⊙ 37

Wie lebten die Bauern und Bäuerinnen in der Heide vor 200 Jahren? Welche Veränderungen hat die Industrialisierung bewirkt? Das *Freilichtmuseum am Kiekeberg* versteht sich nicht nur als Wissensvermittler, sondern auch als Bewahrer alter Traditionen: Zu sehen sind Bauernhäuser aus vielen Jahrhunderten, alte Traktoren, Webstühle und fast ausgestorbene Haustierrassen wie das Bunte Bentheimer Schwein und Ramelsloher Hühner mit ihren blauen Füßen. Historische Gärten, ein großer Wasserspielplatz und das Restaurant *Stoof Mudders Kroog* sind den Besuch bei jedem Wetter wert. Großartig auch die Veranstaltungen wie etwa der historische Jahrmarkt mit Flohzirkus und Feuerschlucker:innen oder die Kunsthandwerkermärkte vor Weihnachten.

Am Kiekeberg 1, 21224 Rosengarten-Ehestorf
T 040 7901760
kiekeberg-museum.de

Mit dem Fahrrad: 8 km ab S-Bahn Harburg

OVERMEYER LANDBAUKULTUR

BIOLANDWIRTSCHAFT MIT HOFLADEN UND CAFÉ

Emmelndorfer Straße 55, 21218 Seevetal
T 04105 666 380
overmeyer-landbaukultur.de

Mit dem Fahrrad: 8 km ab S-Bahn Harburg

⊙ 38

Zwei Landwirtschaftsstudierende mit einer Leidenschaft für biologisch angebautes Gemüse verlieben sich ineinander, bekommen sieben Kinder und bauen sich einen Vierseithof, der mittlerweile zu einem Bio-Schlaraffenland geworden ist. Fährt man auf den Parkplatz vor dem 300 Quadratmeter großen modernen Hofladen der Familie Overmeyer, begrüßen einen auf der Weide nebenan flauschige Galloway-Kälber. Eine Wiese weiter gackern 500 Hühner, die hier artgerecht leben dürfen. Im Laden werden Fleisch und Eier verkauft, außerdem 50 Brotsorten, 180 Käsesorten und 40 Sorten hofeigenes Gemüse, das morgens frisch vom Feld kommt. Was übrig bleibt, wird später in der Hofküche zu köstlichen Mitnehmsuppen, Eintöpfen, Pesto, Gemüse- und Fruchtbrotaufstrichen verarbeitet. Absoluter Star im Sortiment ist aber der „Hamburger Ketjupp", ein leuchtend roter Ketchup aus Roter Bete. Mittags werden (auch vegetarische und vegane) Gerichte angeboten, die man gemeinsam an einer langen Holztafel isst. Anschließend kann man im gemütlichen Outdoor-Café hinter dem Laden noch ein Stück Rhabarber-Baiser-Torte und den Blick auf die bunten Blumenfelder genießen. Termine für Feldführungen und kulturelle Events findet man auf der Website.

MUSEUMSBAUERNHOF WENNERSTORF

MUSEUMSHOF MIT BIOLANDWIRTSCHAFT, HOFLADEN UND CAFÉ

⊙ 39

Hier fühlt man sich, als wäre man von
einer Zeitmaschine in die Vergangen-
heit befördert worden: Der *Museumsbauernhof Wennerstorf* mit dem
alten Smedtshof, einem Backhaus
und einem Schaf- und Schweinestall
lässt das bäuerliche Leben um 1930
so lebendig wiederauferstehen, dass
man sich nicht wundern müsste,
käme ein Heidebauer zur Tür herein,
der im Garten hinter dem Haus nur
mal kurz ein paar Johannisbeeren
gepflückt hat. Selbst *Elieses Hofcafé*,
das wochenends geöffnet hat, ist mit
dicken Sofas, Stühlen, Tischdecken
und Lampen aus den 30er-Jahren
eingerichtet. Und der *Hökerladen*, in
dem die selbst gemachten Produkte
aus der zum Hof gehörenden Biolandwirtschaft verkauft werden, sieht aus
wie ein antiker Tante-Emma-Laden.
Der Museumsbauernhof ist von Mai
bis Oktober geöffnet und bietet jeden
Sonntag ein Mitmachprogramm
für Kinder, Imkerkurse und Lehmo-
fen-Backkurse für Erwachsene und
Kindergeburtstage auf Anfrage.

Lindenstraße 4, 21279 Wennerstorf
T 04165 211349
museumsbauernhof.de

Mit dem Fahrrad: 22 km ab S-Bahn Harburg

HOFGEMEINSCHAFT ARPSHOF
HOFLADEN, UNTERKUNFT UND CAFÉ

Am Schulberg 6, 21279 Dierstorf
T 04165 2172714
arpshof.de

Mit dem Fahrrad: 25 km ab S-Bahn Harburg

⊙ 40

Schlafen unterm Walnussbaum, von Gänsen und Eseln geweckt werden – idyllischer als
in den drei Zirkuswagen der *Hofgemeinschaft Arpshof* kann man kaum übernachten.
Das hat sich mittlerweile herumgesprochen: Selbst Chines:innen und Australier:innen
haben hier schon eingecheckt. Die liebevoll mit kleinen Öfchen und Schaffellen ein-
gerichteten Miniaturhäuser stehen auf den Wiesen des Biohofs, der eine lebhafte, sympa-
thische und hochkompetente Gemeinschaft von Natur- und Qualitätsverrückten
beherbergt. Zur Toilette geht es quer über den Hof, gekocht wird an einer überdachten
Außenstelle. Frühstück wird im Café in den Räumen des Hofladens serviert, der
wegen seines reichhaltigen Angebots in der ganzen Region bekannt ist. Direkt neben dem
Hofladen wird das Brot im alten und wunderschönen Lehmofen frisch gebacken.

CASSENSHOF
HOFLADEN

⊙ 41

Hier sind die Tiere glücklich, und die Menschen werden es auch. Der *Cassenshof* wird nun schon in 14. Generation betrieben und macht alles richtig: Die Hühner und die Gänse dürfen frei herumlaufen und werden liebevoll aufgezogen (anfangs wird alle halbe Stunde nachgesehen, ob die Gänseküken es auch warm genug haben). Das schlägt sich in Qualität nieder – der *Cassenshof* verkauft seine Eier und Gänse auch an die gehobene Gastronomie. Für Vegetarier:innen sorgt die Betreiberfamilie übrigens auch: Es gibt erstklassigen Spargel und prima Kartoffeln. Alles, was hier angebaut und gezüchtet wird, lässt sich im hübschen Hofladen kaufen.

Im Seevegrund 2, 21256 Inzmühlen
T 04188 899640
cassenshof.de

HOF AN DEN TEICHEN
ERLEBNISHOF MIT CAFÉ UND HOFLADEN

⊙ 42

Früher war hier mal eine recht eindrucksvolle Ziegelei. Jetzt hat wieder die Natur übernommen, und wie: Gänse schnattern, Schafe blöken, Schweine grunzen, Bienen fliegen ihre Kästen inmitten von Ringelblumen an, überall wächst, wuchert und blüht es. *Der Hof an den Teichen* ist ein Erlebnishof, der sich dem Erhalt alter Tierrassen und dem Anbau alter Kulturpflanzen verschrieben hat, die man entlang eines kleinen Rundwanderwegs findet, in dessen Mitte ein grasgesäumter See mit romantisch verwitterten Holzbooten liegt. Lilafarbene Libellen tanzen übers Wasser, Kinder schauen Käfern beim Krabbeln zu – mehr Idylle geht nicht. Hinterher kann man sich im Café ein Stück fluffiger selbst gemachter Torte gönnen und im Hofladen mit frisch geerntetem Obst und Gemüse, Blumen, Fleisch vom Bunten Bentheimer Schwein und Moorschnucken oder mit Likören aus hofeigenen Kräutern versorgen. Der Hof veranstaltet auch Betriebsausflüge und Familienfeiern mit Bogenschießen, Stegbau, Anlegen von Hoch- und Hügelbeeten, Schmiede-, Woll- und Kräuterworkshops.

Heiligenthaler Straße 1, 21335 Lüneburg
hofandenteichen.de

MICHAELSHOF SAMMATZ

BEGEGNUNGSHOF

⊙ 43

Man könnte hier Tage verbringen und würde wahrscheinlich immer noch Neues entdecken. Der *Michaelshof Sammatz* ist eher ein ausgewachsenes Dorf als ein Hof, begreift sich als Lebens- und Arbeitsgemeinschaft und beherbergt Helfer:innen aus aller Welt, die für Kost und Logis auf dem Hof arbeiten. In der Dorfmitte lädt ein Café mit großer Terrasse zum Pausemachen ein, doch der wahre Zauber passiert drum herum. Die vielen roten Kieswege führen zu den unterschiedlichsten Ecken, und es lohnt sich, jedem einzelnen Weg nachzuspüren. Einer führt zu einem Rosengarten, der besonders im Juni duftet, ein anderer zu einem tropischen Gewächshaus und einer Vogelvoliere mit bunten Papageien und Sittichen. Es gibt einen riesigen Spielplatz, einen Hofladen und Ställe. Und dann wäre da noch der Waldsee, der umgeben von blühenden Terrassenbeeten und Steinmäuerchen hinter einer kleinen Anhöhe liegt. Betreten, anfassen, streicheln, anquatschen – das alles ist auf dem *Michaelshof* ausdrücklich erlaubt.

Im Dorfe 11, 29490 Sammatz
T 05858 97030
michaelshof-sammatz.de

BIOGUT BAUCK
HOFLADEN, GASTRONOMIE UND SAFARI

⊙ 44

Der perfekte Tag auf dem fast 300 Hektar großen Hof von Biolandwirt und Steakmeister
Henning Bauck sieht für die meisten Besucher ziemlich sicher so aus: Erst einen Kaffee
auf der großen Außenterrasse trinken, während die Kinder sich auf dem Spielplatz und
im Streichelgehege austoben. Danach nimmt man auf der zweistündigen Nutztiersafari im
offenen Wagen Schnauzenkontakt mit amerikanischen Prärie-Bisons, asiatischen Yaks,
europäischen Wasserbüffeln, Lamas oder Kamelen auf. Am Abend gibt es dann Steak
vom Angus-Rind und Bentheimer Landschwein oder hausgemachte Bratwürste aus Wild
und Lamm. Bei Bauck kommt alles aus einer Hand: Züchtung, Haltung, Schlachtung,
Verarbeitung und schließlich der Verkauf der Produkte im Restaurant und Hofladen. Wer
einen der Camperplätze für eine Nacht ergattert hat, kann nach dem Essen weinselig
direkt ins Bett fallen und am Morgen mit einem Blick in die neugierigen Känguruaugen
aus dem Gehege nebenan aufwachen.

Bergstraße 30, 29389 Bad Bodenteich
T 05824 2346
henning-bauck.de

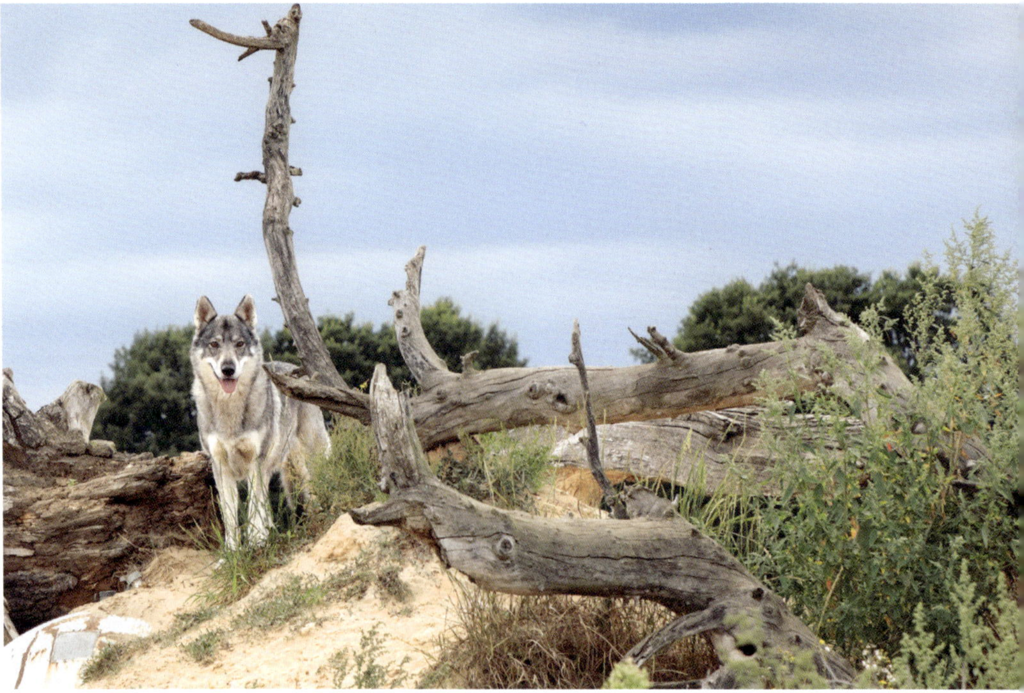

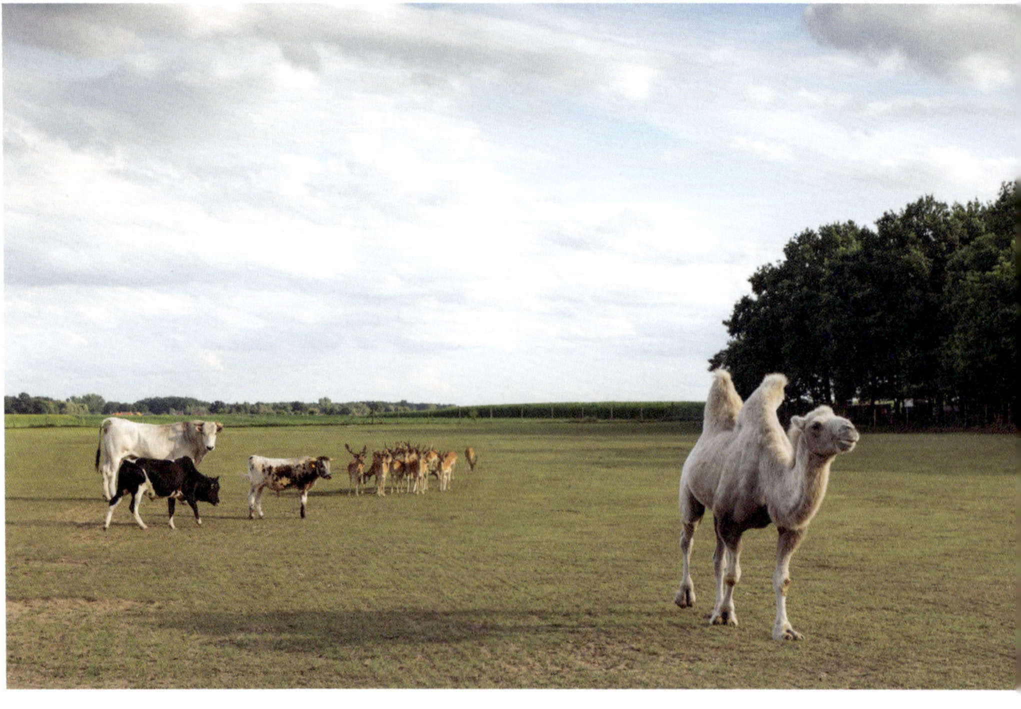

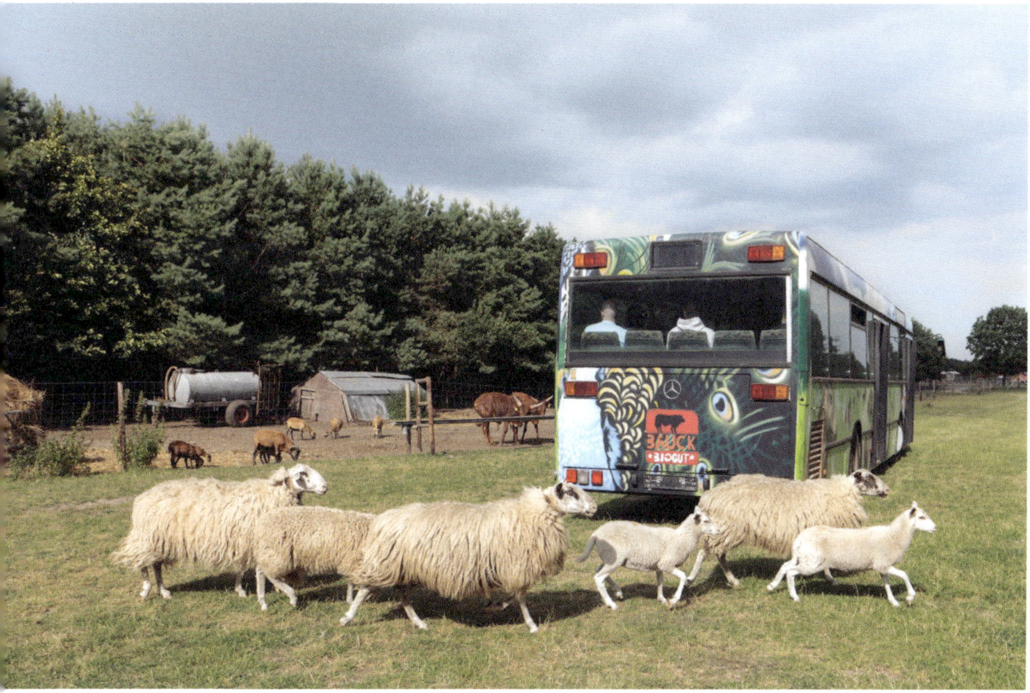
BIOGUT

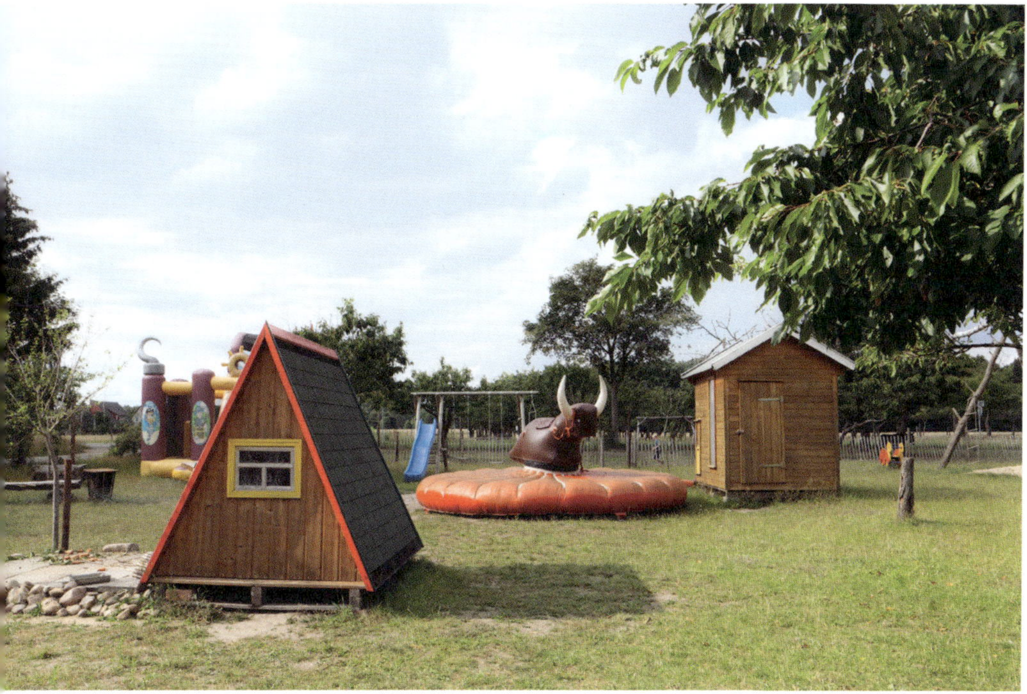

SINIKKA HARMS
ATELIER UND LADEN

⊙ 45

Zartes Blau, schillerndes Türkis, Muschelgrün, Eierschalenweiß, erdiges
Braun: Die Farben der Schalen, Teller, Becher und Schüsseln, die die
Keramikerin Sinikka Harms an ihrer Drehscheibe formt, machen auf den
ersten Blick glücklich. Dann fasst man sie an und wird noch ein wenig
glücklicher. In einem versteckten Winkel im Süden der Lüneburger
Heide liegt Harms' verwunschenes Atelier. Auf Anmeldung kann man
vorbeikommen, ihr vielleicht sogar dabei zuschauen, wie sie gerade
einen Teller formt und das Messer durch den Ton gleiten lässt. Aber vor
allem kann man ihre Produkte in die Hand nehmen. Bei vielen lässt
sie den Ton völlig unbehandelt, weil das beim Anfassen ein warmes und
seidiges Gefühl erzeugt. Mittlerweile ordern Restaurants aus Hamburg,
Berlin, Paris und Island ihr Geschirr.

Wettenbostel 3, 29565 Wettenbostel
T 05829 5990939
sinikkaharms@hotmail.com
sinikkaharms.de

WESTEN

Im Westen Hamburgs liegt das Alte Land, berühmt, weil es das größte zusammenhängende Obstanbaugebiet in ganz Europa ist. Zehn Millionen Obstbäume stehen in der Region zwischen Buxtehude und Stade, fast jeder dritte deutsche Apfel kommt von hier. Jeden Frühling breitet sich ein riesiges, zuerst rosafarbenes, dann weißes Blütenmeer über die gesamte Landschaft aus, im Spätsommer duftet die Luft nach reifen Früchten. Viele der Obstbäuerinnen und -bauern hier laden nicht nur zum Kauf von Äpfeln, Kirschen, Birnen und Zwetschgen ein, sondern auch zu einem Picknick unter Bäumen und zu Scheunenfesten. Doch im Westen kann man auch über das Alte Land hinaus Entdeckungen machen. Zum Beispiel die kleinen, grünen Holzhäuser mit rotem Dach: die Melkhüser. Jedes verkauft frische Milchprodukte, jedes hat seinen ganz eigenen Charme.

WESTEN

Fortlaufend nummerierte Ziele

NORDSEE

ITZEHOE

CUXHAVEN

Elbe

ELMSHORN

HEMMOOR

53

54

STADE

HAMBURG

49

BREMERHAVEN

48

46–47

BREMERVÖRDE

BUXTEHUDE

ZEVEN

BUCHHOLZ IN
DER NORDHEIDE

Weser

50

51

BREMEN

52

ROTENBURG
(WÜMME)

SOLTAU

WALSRODE

0   10   20   30 km

N

OBSTPARADIES SCHUBACK
OBSTHOF MIT HOFLADEN UND PICKNICK

⊙ 46

Picknick unter blühenden Apfelbäumen im Alten Land – viel schöner kann es kaum werden. Das *Obstparadies Schuback* macht einem das leicht: Wer keine Lust hat, einen Picknickkorb zu packen und den ganzen Tag mitzuschleppen, kann drei Tage vorher ein Frühstücks- oder Grillpicknick reservieren (am Wochenende besser früher). Je nach Personenzahl fällt das mit frischem Brot, Baguette, Marmelade, Eiern und köstlichen Kleinigkeiten oder mit Grilleimer, Fleisch und Beilagen herrlich üppig aus. Mit dem Bollerwagen geht es vom Hofladen aus querfeldein zum hübsch gedeckten Tischchen oder mit einer Decke zum kleinen Flüsschen oder zwischen die Obstbäume. Und sollte es doch einmal regnen, flüchtet man sich in die liebevoll hergerichteten Scheunen. Ab November gibt es sogar ein Winterpicknick mit heißer Suppe im Rosmarinbrot. Knackige Äpfel gibt es dank moderner Lagermethoden das ganze Jahr hindurch, im Spätsommer schmecken sie am allerbesten.

Westerjork 81, 21635 Jork
T 04162 370
obstparadies-jork.de

Mit dem Fahrrad: 29 km ab Hamburg Hbf.

APFELPATENHOF

OBSTHOF MIT APFEL- UND KIRSCHERNTE

Hinterdeich 172, 21635 Jork
info@apfelpatenhof.de
apfelpatenhof.de

Mit dem Fahrrad: 30 km ab Hamburg Hbf.

⊙ 47

Ein eigener Apfelbaum? Dafür braucht
man keinen Garten mehr. Die Brüder
Schuback aus Jork haben erkannt, was
Großstädter:innen mögen, und die
Apfelpatenschaft ins Leben gerufen. Für
55 Euro wird man ein Jahr lang Patin
oder Pate eines Baums und kann unter
sechs Sorten wählen. Ein Newsletter
informiert regelmäßig über den Stand
der Dinge – also Blüte, Fruchtstände
und Erntereife. Und im Herbst geht es
dann raus in die Plantage, wo man
seinen Baum (der ein Namensschild
trägt) abernten und die Äpfel mitneh-
men kann. Wer lieber Kirschen mag,
bekommt im Frühsommer eine Kiepe
(einen Weidenkorb) in die Hand
gedrückt und darf sich satt pflücken.

BIOHOF OTTILIE

HOFLADEN UND HOFCAFÉ

 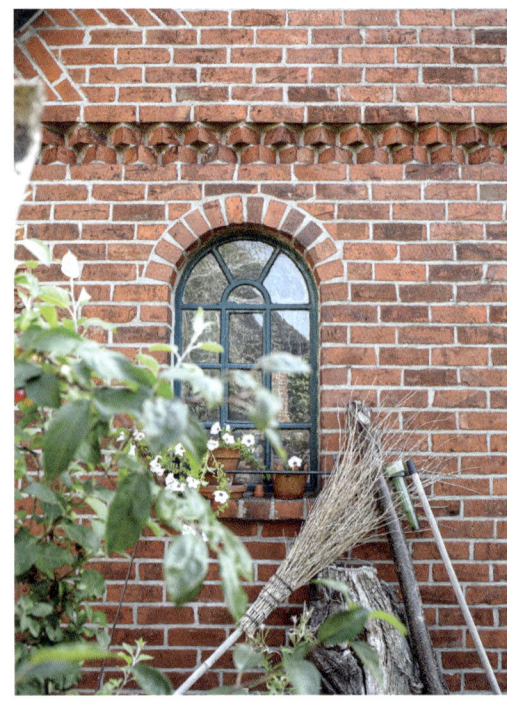

Ort 19, 21720 Mittelnkirchen
T 04142 812634
biohof-ottilie.de

Mit dem Fahrrad: 33 km ab Hamburg Hbf.

◉ 48

Wildkräuterführungen, Honig von glücklichen Bienen und ein sensationelles,
selbst gemachtes Apfelketchup, das 2018 als „Kulinarischer Botschafter"
Niedersachsens ausgezeichnet wurde: Der *Biohof Ottilie* mit schönem Hofcafé
und einem Hofladen mit ausgewählten regionalen Bioprodukten begeistert
nicht nur Ausflügler:innen und Großstädter:innen auf der Durchreise, sondern
auch Einheimische. Spitzenköch:innen versorgen sich hier mit alten Apfel-
sorten, Wildkräutern und historischen Gemüsen. Zwischen den Apfelbaumreihen
ist noch Platz für eine Boule-Bahn, die man stundenweise mieten kann.

WAYTALLA ALPAKAS
ALPAKAZUCHT MIT HOFLADEN

⊙ 49

Es ist noch nicht lange her, da wusste kein Mensch, was ein Alpaka ist. Heute findet man Alpakasocken im Supermarkt, gleich neben den Eiern und der Zahnpasta. Erwachsene wie Kinder sind ganz verzückt. Anders als man vielleicht denkt, kommen die kleinen Anden-Kamele nicht aus Peru – zumindest nicht alle, sondern werden häufig gleich hier gehalten, zum Beispiel in der Nähe von Stade. Dort liegt am Ende einer langen, dichten Allee die Alpakazucht *Waytalla*. Das Züchterpaar befasst sich schon seit 2008 mit den wolligen Tieren, die aussehen, als hätte Bambi sich nicht entscheiden können, ob es sich als Schaf oder Lama verkleiden will. Im Hofladen wird alles angeboten, was sich aus Alpakawolle herstellen lässt. Vor der Tür knabbern die Tiere auf einer weitläufigen Wiese gemütlich an Grashalmen und Heu. Wenn man sich rechtzeitig anmeldet, kann man mit ihnen auf eine Wanderung gehen und diese freundlichen Wesen näher kennenlernen.

Weißenmoor 11 a, 21709 Düdenbüttel
T 04141 7865304
waytalla-alpakas.de

HEIMATMUSEUM SCHEESSEL
MUSEUM MIT MUSEUMSSHOP

◉ 50

Nach längeren Verhandlungen ist es dem *Museum Scheeßel* Mitte der 1970er-Jahre gelungen, fast das ganze Equipment einer alteingesessenen Blaudruckerei zu erwerben. So wird im *Meyerhof* seit 1975 nach altüberlieferter Handwerkskunst für den Bedarf des Heimatvereins und den der ansässigen Trachtengruppen gedruckt und gefärbt. Blaudruck ist ein altes Handwerk, in ganz Deutschland gibt es nur etwa ein Dutzend Werkstätten, verstreut über Europa vielleicht noch einmal so viele – Familienbetriebe, die ihre Geheimnisse von Generation zu Generation weitergeben. Bei ihnen handelt es sich im Wesentlichen um das Rezept für den „Papp", eine Masse, mit der man Stoffe bedruckt und die selbst keine Farbe annimmt, sodass die mit ihr gezeichneten Linien und Muster beim Färben weiß bleiben. Diese Technik ist so einzigartig, dass die UNESCO den Blaudruck 2018 zum immateriellen Kulturerbe der Menschheit erhob. Nicht schlecht für ein kleines Heimatmuseum in Scheeßel – ein Museum, dessen Besuch sich übrigens ohnehin lohnt. Die alten Fachwerkhäuser mit ihren moosbedeckten Spitzdächern wirken wie behäbige, schwer atmende Wesen aus der Vorzeit, die das Alter mal hier, mal dort ein bisschen eingedrückt hat. Alles ist schief, uneben und liebenswert – hier könnte man gut einen Märchenfilm drehen.

Am Meyerhof 1, 27383 Scheeßel
T 04263 6757888
heimatmuseum-scheessel.de

BASSENS BAUERNLADEN
BAUERNLADEN UND MELKHUS

⊙ 51

Der Wanderweg mit dem schönen Titel Nordpfad
Kirchsteg-Moore-Bäche (der seinem Namen
alle Ehre macht!) führt glücklicherweise auch hier
vorbei, denn der Pfad ist lang, und irgendwann
braucht jeder ein Päuschen. Der Bauernladen der
Familie Bassen hat ein kleines Café, in dem man
seine müden Beine unter schattigen Eichen aus-
strecken kann. Im Laden selbst und nebenan im
Melkhus gibt es Verpflegung für den Weg oder für
zu Hause. Zum Beispiel alles, was die Milch hergibt: Quark, Joghurt oder Bauernhofeis. Der ganze
Stolz der Bassens sind aber die selbst gemachten
Nudeln: Spargelnudeln, Buchweizen-Dinkel-Nu-
deln und acht weitere Sorten, die an den Regalen
gleich mit passenden Rezepten versehen sind –
natürlich mit Zutaten, die alle im Laden erhältlich
sind. Außerdem gibt es kulinarische Juwele wie
Holunderblütenlikör, Birne-Eierlikör-Marmelade,
Birkenblätter für Tee und sogar ein Mittel gegen
Appetitlosigkeit: Schafgarbenblüten. Dagegen hilft
aber auch einfach ein Besuch im Laden.

Finteler Weg 2, 27383 Scheeßel
T 04263 94283
bassens-bauernladen.de

HOF GRAFEL

BAUERNHOF MIT HOFLADEN, UNTERKUNFT, YOGA- UND WILDNISCAMPS

⊙ 52

Am Fachwerk des Haupthauses steht neben der Zahl 1868 auf einem wuchtigen Querbalken über der Tür: „An Gottes Segen ist alles gelegen". In der Tat scheint Gott es mit dem Hof bisher gut gemeint zu haben. Seit zwölf Generationen befindet er sich im Besitz derselben Familie. Mittlerweile betreibt sie zur Landwirtschaft auch einen Hofladen, der frisches Gemüse aus Eigenanbau anbietet: Tomaten, Rote Bete, Sellerie, grüne Bohnen, Hokkaidokürbis, Honig aus eigener Imkerei. Das große Tipi am Ende der Wiese und die buddhistischen Gebetsfahnen vor dem Bauwagen bezeugen allerdings, dass hier mehr im Spiel ist. Der *Hof Grafel* versteht sich bewusst nicht nur als Bauernhof mit Ferienunterkunft, in der man ein Zimmer bucht und ein bisschen abschaltet. Der Hof ist Rückzugsort, Yogaresort, Wildniscamp für Kinder und Landwirtschaftsbetrieb in einem. Die Familie beschäftigt sich nicht nur mit der Frage, wie sich Menschen von der Welt erholen, sondern möchte auch wissen, wie sich die Welt vom Menschen erholt. Das bedeutet natürlich nicht, dass man sich hier nicht einfach auch einen Grashalm zwischen die Zähne klemmen und den lieben Gott einen guten Mann sein lassen kann.

Grafel 2, 27356 Rotenburg (Wümme)
T 04261 3211
hof-grafel.de

HOF ICKEN

BIOLANDWIRTSCHAFT MIT HOFLADEN

Hörn 4, 27607 Geestland
T 04743 1038
hof-icken.de

⊙ 53

Hier ist man ziemlich weit weg von Wellington, lässt sich dem Wegweiser vor der Tür entnehmen, dafür nur einen Katzensprung von der Nordseeküste entfernt. Der Laden des *Hof Icken* ist ein Bio-Feinkostladen mit einem beeindruckenden Angebot – Heumilchkäse aus der eigenen Bio-Rohmilch, Honig aus der Region, „freilaufende" Mettwurst, Sülze, Schweineschmalz, Blutwurst, Leberwurst. Dazu eine Reihe von Likören und Schnäpsen, Wurstbegleiter sozusagen, die „Schwarze Sau" oder „Möwenschiet" heißen. Dienstags gibt's immer frisches Schweinefleisch aus der eigenen Mast aus Freilandhaltung, freitags frisches Brot, dienstags und freitags selbst gebackenen Kuchen. Der *Hof Icken* eignet sich hervorragend für eine Verschnaufpause auf dem Wanderweg Pipinsburg, der weder besonders lang noch besonders beschwerlich ist, dafür irgendwie episch. Er führt durchs dunkle Dorumer Moor, durch dürre Birkenwälder, vorbei an Bäumen, die aussehen, als hätte sich ein riesiger Tintenfisch verholzt. Und bei einem Stück frisch gebackenem Kuchen im Hofcafé kann man in Ruhe darüber nachdenken, warum die Erober:innen der Pipinsburg „Wurtfriesen" genannt werden.

MILCHTANKSTELLE LANGEN
MILCHZAPFSÄULE

Hof am Wall 1, 27607 Geestland
T 04743 4858
milchtankstelle-langen.de

⊙ 54

Obwohl noch nicht lange am Start, denkt mancher mittlerweile, sie seien schon immer hier gewesen: die Milchtankstellen oder wie Familie Müller sagt: die Muhkumaten. Ihr eigener ist besonders fleißig und gibt 362 Tage im Jahr (also außer Weihnachten eigentlich immer) frische Biomilch – so bio, dass man vor Gebrauch besser einmal kräftig schüttelt, weil die Milch sonst aufrahmt. Außer Milch bekommt man an der Zapfsäule auch Kartoffeln der Sorten Annabel und Belana, festkochend, gelb bis goldgelb, aus dem Cuxland hinter dem Weserdeich, direkt an der Nordseeküste, und falls man mehr Kartoffeln braucht, als der Muhkumat hergibt, kann man einfach beim Müller-Hof vorbeigehen. An der Tankstelle kann man außerdem Freilandeier von Hühnern aus einer nahen Gemeinde kaufen.

Groß Sarau | Osten

OBST UND BLUMEN ZUM SELBSTPFLÜCKEN

NORDEN

Streuobstwiese im Wassermannpark
Äpfel
Rönnkamp 26, 22457 Hamburg

Obstgarten Haseldorf
Äpfel
Hafenstraße, 25489 Haseldorf

Erdbeerhof Glantz/Rahlstedt
Erdbeeren
Stapelfelder Straße
22143 Hamburg-Rahlstedt
delingsdorf.glantz.de

Erdbeerhof Glantz/Norderstedt
Erdbeeren + Himbeeren + Blumen
Segeberger Chaussee/Kreuzung Hofweg
22850 Norderstedt
delingsdorf.glantz.de

Wulksfelder Gärtnerei
Blumen
Wulksfelder Damm 15–17, 22889 Tangstedt
gut-wulksfelde.de

Erdbeerhof Glantz/Delingsdorf
Erdbeeren + Himbeeren + Blumen
Hamburger Straße, 22941 Delingsdorf
delingsdorf.glantz.de

Obsthof Schneekloth
Beeren + Kirschen + Pflaumen + Holunder + Quitten

Pappelhof 6 a, 23743 Grömitz
obsthof-schneekloth.de

OSTEN

Erdbeerhof Glantz/Öjendorf
Erdbeeren + Himbeeren
Reinskamp/nahe Öjendorfer Park
22117 Hamburg-Öjendorf
delingsdorf.glantz.de

Erdbeerhof Glantz/Oststeinbek
Erdbeeren + Blumen
Möllner Landstraße/Kreuzung
Willinghusener Weg
22113 Oststeinbek
delingsdorf.glantz.de

Hof Soltau
Erdbeeren
Meienfelde 2
22885 Barsbüttel
hof-soltau.com

Willhof's Beerenfeld
Beeren
Koberger Weg/zwischen Koberg und Nusse
23896 Poggensee
willhof-gesundeernte.de

Himbeerplantage Wulff
Beeren
23883 Seedorf am Schaalsee/
am Ortsausgang Richtung Groß Zecher
himbeeren-seedorf-am-schaalsee.de

SÜDEN

Heidelbeeren Hamburg
Heidelbeeren
Hagoltweg/Ecke Friesenweg
21217 Seevetal
heidelbeeren-hamburg.de

Blumen selbst schneiden
Blumen
Knickweg/
Nähe Wildpark Schwarze Berge
21224 Rosengarten

Obsthof Busch
Erdbeeren
Felder an der B75
21255 Tostedt-Todtglüsingen
obsthofbusch.de

Ferienhof Stegen
Erdbeeren
Meinholz 7
29649 Wietzendorf
ferienhof-stegen.de

Soltauer Heideobst
Erdbeeren
Frielingen 7
29614 Soltau
heideobst.de

WESTEN

Im Apfelgarten Dirk Meyer
Äpfel
Neuenfelder Fährdeich 18
21129 Hamburg-Neuenfelde
apfelgarten-altes-land.de

Herzapfelhof
Äpfel + Kirschen + Pflaumen + Zwetschgen
Osterjork 102
21635 Jork
herzapfelhof.de

Obsthof Schröder
Äpfel + Birnen
Hinterbrack 6
21635 Jork
obsthof-schroeder.com

Obsthof Lefers
Äpfel + Birnen + Kirschen +
Zwetschgen + Weihnachtsbäume
Osterjork 140
21635 Jork
lefers.de

DIE WOCHENENDER-REIHE

DAS REISEBUCH ZUM RUNTERKOMMEN

Alle Bücher der WOCHENENDER-Reihe sind im
Buchhandel, in ausgewählten Concept Stores sowie über
wochenender-buch.de erhältlich.

Blog: wochenender-buch.de
Instagram: @wochenender_reisebuch
Facebook: @wochenender
Pinterest: @wochenender

BEST OF NORD
Die besten Ziele im Norden

ISBN: 978-3-9825832-0-4

**NORDSEEKÜSTE
SCHLESWIG-HOLSTEIN**
*Dithmarschen, Eiderstedt,
Nordfriesland, Halligen*

ISBN: 978-3-9822646-4-6

NORDSEEKÜSTE
*St. Peter-Ording,
Eiderstedt*

ISBN: 978-3-9819748-7-4

**OSTSEEKÜSTE
LÜBECKER BUCHT**
*Von Hohwacht bis Wismar
mit Insel Fehmarn*

ISBN: 978-3-9822646-5-3

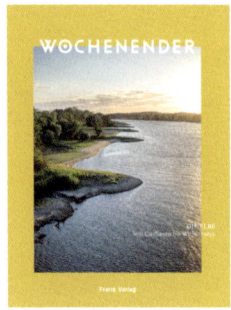

DIE ELBE
*Von Cuxhaven bis
Wittenberge*

ISBN: 978-3-9819748-4-3

SEEN UND WÄLDER
um Hamburg

ISBN: 978-3-9822646-6-0

**MECKLENBURG-
SCHWERIN**
*Nordwestmecklenburg,
Schwerin, Ludwigslust-Parchim*

ISBN: 978-3-9822646-1-5

LÜNEBURGER HEIDE
*Harburg, Heidekreis,
Lüneburg*

ISBN: 978-3-9822646-7-7

**LIEBLINGSORTE FÜR
FAMILIEN**
in und um Hamburg

ISBN: 978-3-9822646-2-2

AUF DEM WASSER
*Touren mit SUP und Kanu
in und um Hamburg*

ISBN: 978-3-9822646-8-4

**BRANDENBURG
SÜDOSTEN**
*Dahme-Spreewald,
Oberspreewald-Lausitz*

ISBN: 978-3-9825832-2-8

**BRANDENBURG
NORDOSTEN**
*Uckermark, Barnim,
Märkisch-Oderland*

ISBN: 978-3-9822646-0-8

**BRANDENBURG
SÜDWESTEN**
*Potsdam, Potsdam-Mittelmark,
Brandenburg an der Havel,
Teltow-Fläming*

ISBN: 978-3-9819748-9-8

**LIEBLINGSORTE UM
MÜNCHEN**
Tagestouren und Kurztrips

ISBN: 978-3-9822646-3-9

CITY OF GREEN
Natur in und um Hamburg

ISBN: 978-3-9825832-1-1

KOMM SCHLAF BEI MIR
*Die schönsten Übernach-
tungen. In Deutschland von
Nord bis Süd*

ISBN: 978-3-9825832-3-5

IMPRESSUM

HERAUSGEBERIN
Elisabeth Frenz
Frenz Verlag GmbH
Hinter der Lieth 2
22529 Hamburg

IDEE, KONZEPT & UMSETZUNG
Elisabeth Frenz

ART-DIREKTION
Alisa Karabut

REDAKTIONSLEITUNG
Sabrina Waffenschmidt

TEXTCHEFS
Okka Rohd, Peter Praschl, Oranna Arnold

TEXT
Nikolai Antoniadis, Julia Braune, Beatrix Gerstberger, Kerstin Rose, Isabell Spilker, Sabrina Waffenschmidt

KARTENILLUSTRATION
Hana Sedelmayer

BILDBEARBEITUNG
Martina Drignat

SCHLUSSREDAKTION
BHL Medienprojekte

FOTOGRAFIE
Uta Gleiser: S. *17–19, 24–33, 46–51, 58–59, 78–87, 90–91, 97, 113–125, 151–153, 166–185*
Johannes Nadeno: S. *20–23, 100–103, 186–187*
Isadora Tast: S. *77, 136–141, 147, 148 oben rechts, unten links , 155–157*
André Reuter: *Cover*, S. *8–9, 36–43, 104–111,*
Yvonne Schmedemann: S. *44 links, 45, 55–57, 60–61*
Paula Markert: S. *10–11, 62–65, 68–69, 88–89, 92–95, 98–99*
David Maupilé: S. *52–53*
Finn Boxhammer: S. *142–143*
Lukasz Chrobok: S. *66–67, 164–165*
Doro Zinn: S. *144–145;*
Freilichtmuseum am Kiekeberg: S. *132–135*
AlisaKa: S. *44 rechts,* Nina Struve: S. *159*
Nele Gülck: S. *70–71, 126–127*
Nicolai Paravicini S. *34–35;*
Hof an den Teichen: S. *148 oben links, unten rechts, 149*

Alle Bücher der WOCHENENDER-Reihe sind im Buchhandel, in ausgewählten Concept Stores sowie über **wochenender-buch.de** erhältlich.

Blog: wochenender-buch.de
Instagram: @wochenender_reisebuch

Facebook: @wochenender
Pinterest: @wochenender

5. Auflage, März 2025
Druck und Bindung: GPS-Group
© Frenz Verlag GmbH, Hamburg 2025

ISBN: 978-3-9819748-8-1

hallo@frenz-verlag.de
wochenender-buch.de

FSC
www.fsc.org
MIX
Papier | Fördert
gute Waldnutzung
FSC® C118234